菊坛名家丛书

郭宇 徐幸捷 唐燕能＊主编

武旦奇葩

張美娟

忻鼎亮◎著

上海人民出版社

菊坛名家丛书

编委会

本丛书出版得到上海文艺人才基金资助

在上海戏剧学校学习时。站立者为张美娟(时名张正娟)

20世纪50年代张美娟便装照

张美娟与养父一家。前为养母、养父，左一为张美娟

张美娟全家照

《打焦赞》中张美娟饰演杨排风

《盗仙草》中张美娟饰演白素贞

《金山寺》中张美娟饰小青

《盗仙草》中张美娟饰白素贞

《穆柯寨》中张美娟饰穆桂英

1964年张美娟随团访问欧洲时留影。后排右六为张美娟

1954年张美娟随团访问
印度时留影。前排左五为张美娟

1954年张美娟随团访问
缅甸时留影。前排左三为张美娟

“五七京训班”成员合影。中为张美娟

20世纪60年代张美娟便装照

张美娟在大会上讲话

1986年张美娟重登舞台，图为《青石山》剧照

《青石山》中张美娟与孙正阳再度合作

1986年张美娟最后一次登台演出后留影，中间穿戏装者为张美娟，左二为齐淑芳，右二为齐英才

20世纪80年代张美娟与俞振飞（右二）、李蔷华（左一）、邓宛霞（左四）

张美娟给学生上课

张美娟与学生在一起。右一为史敏

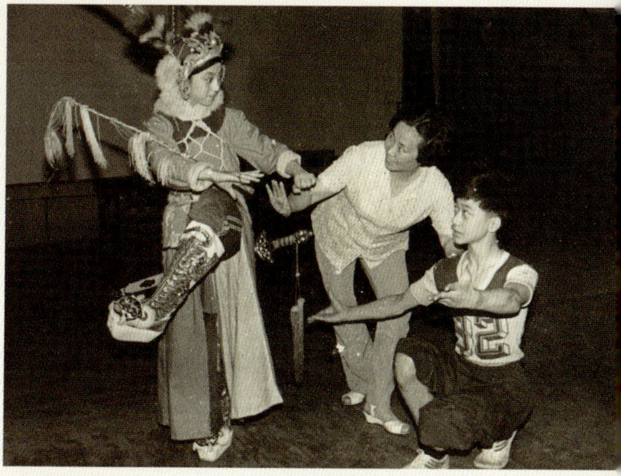

辅导史敏、严庆谷排练《挡马》

1994年张美娟在美国获得“终身成就奖”

张美娟居家照

张美娟与丈夫齐英才

序一

郭　宇

京剧是我国民族文化的瑰宝，其表演艺术体系的丰富和完善程度是举世瞩目的，它不但是我国的国粹，而且是世界文化遗产的重要部分。京剧之所以具有如此深厚的文化底蕴，这与20世纪涌现出的一批艺术大师的舞台成就和艺术创造是分不开的。自徽班进京以来，京剧融通了综合性、写意性、知识性和观赏性等艺术特征，在民族戏曲中，以一枝独秀之势得以蓬勃发展，迅速跃居国剧的地位。这其中除了京剧艺术本身完美和高度符合我国国情外，更重要的是以梅兰芳为代表的一代又一代的艺术家们卓越的艺术创造，把我国民族戏曲表演艺术推上了巅峰状态，给我们后人留下了一份极其珍贵的艺术资源和十分丰富的文化遗产，它非常值得我们精心保护、认真挖掘和全力弘扬。由于各种原因，这方面的工作做得还不够，特别是京剧理论研究和文史资料整理显得尤其薄弱。我们这次系统编写出版这套艺术家系列丛书，就是为了希望与所有关心京剧事业的圈内外人士一起做好这项有价值的工作，共同为继承好京昆艺术遗产尽自己的最大努力。

在以往的研究和史料收集中，常把关注的焦点集中在像梅兰芳、谭鑫培、杨小楼等大师级人物身上。当然，这些大师们的艺术成就确实是取之不尽的文化宝库，但他们的艺术传承能得以世代流传除了自身巨大影响外，还得益于一批承前启后的艺术家们不断地发扬光大。这样一个层面上的艺术家对京剧事业的贡献往往没有得到足够的估价，以致造成京剧流派的继承出现不连续或是局部失真现象，对京剧艺术的发展有碍。我们这次编写的传记主要突出这批艺术家们，尽可能地挖掘他们的艺术成果和对京剧事业的贡献，力求全方位地记录以往的京剧史料，使艺术资料更加细致、翔实且有立体感。本书的传主张美娟就是这批艺术家中的代表。

张美娟老师是我校的一名优秀教师，也是贡献卓著的教育家，她真正可称是“桃李满天下”，在20世纪50—90年代培养出一系列有成就的武旦演员，堪称女武旦中“教母”级的名师。她还是一位杰出的表演艺术家，是新中国女武旦的开创者，她的艺术素养和创新境界都是后辈们学之不尽的，现今舞台上流传的主要武旦剧目相当数量是沿用她的演出版本。她的艺德、师德更是有口皆碑，凡是接触过张老师的人们都非常怀念她。这样德艺双馨的名家就是我们戏曲学校的宝贵财富。

上海市戏曲学校成立近60年来，之所以有今天的成就，主要因为有一批像张美娟老师这样出色又敬业的优秀教师。这些教师有些至今还是默默无闻。我们必须无遗漏地分批出版这类传记，认真地整理他们的艺术成果和优秀事迹，用好这些有价值的资源来启示教育后人。

序二

徐希博

欣闻上海市戏曲学校和上海人民出版社要为一些卓有成就的戏曲艺术家和教育家编写传记，我作为一名戏校的老教师，内心非常高兴。这是一项很有意义的工作，对戏曲事业和学校教育的发展都将产生有益的推动，并能作为总结性的成果为后辈留下宝贵的文史资料。

京剧艺术是中华民族的国粹，也是炎黄子孙的国宝，它需要我们精心地维护、继承并发展。两百多年来，经一代又一代的艺术家和研究家们的创造和努力，形成了独特完整的艺术体系，给中华文化以至世界文化宝库留下了珍贵的遗产。近年来，京剧艺术的发展不尽如人意，出现了一定程度的滑坡现象，这说明我们对文化遗产的挖掘和研究都有所欠缺。而这批传记的编写和出版正弥补了这方面的不足，若能做得圆满，一定会对戏曲艺术的发展产生较大的影响。

张美娟老师是我的同事，她的艺术我一直很欣赏，她的为人更是有口皆碑，在戏校一直得到大家的尊重。在校期间，我经常去看她教戏，我非常敬佩其认真和耐心的程度，确实很少见到如此敬业的老师。而且，她还常用寒暑假的时间加班教学生，那时根本没有加班津贴一说，但她自始至终坚持这样做，十分难能可贵。她的艺术成就和教学成果在武旦行当中确实是无人能及的，堪称是一位真正的艺术家和教育家。总结她一生对京剧事业的贡献，为后人树立楷模，是一项非常必要的工作。以往的树碑立传仅仅局限在像梅兰芳、马连良这一辈艺术大师身上。当然，他们留下的艺术财富确是取之不尽，但类似张美娟这样的艺术家的成就和贡献也绝不能忽视，正是这样一批承上启下的艺术家，才使京剧的流派得以逐代流传、京剧舞坛的繁荣能长久保持。所以，对这批艺术家的宣传，对他们成就的总结，也是相当重要的一个环节。《武旦奇葩：张美娟》等这批书的编写和出版正是这环节中一个不能缺少的内容。

作者忻鼎亮先生是我多年的忘年交，他是从事人体科学研究的学者，但对京剧十分痴迷，在京剧研究方面做过不少有益的工作。京剧艺术的繁荣和发展正需要业内外一切爱好者的共同努力，特别需要从事其他领域工作的同好的关心和投入，这样才能使京剧艺术永远扎根广大的观众心中，使其有真正长盛的源泉。我很高兴有圈外的同仁一起来共建京剧的未来，并向这批传记的问世表示诚挚的祝贺。

目录

第一章　学艺生涯

一、苦难童年

张美娟便装照

1929年3月14日，张美娟出生在河北保定一个穷苦人家，原名王兴贞，父母都是底层的贫苦农民。自幼因为家境贫寒，为生活所迫，5岁就被卖到尼姑庵，后几经转卖，最终卖给京剧艺人张德武为养女，这样，她从小就进入了学艺演戏生涯。张德武是京剧名家张云溪的叔叔，前辈武生张德俊之弟，擅长武净。张德俊、张德武兄弟原籍河北香河，自幼随父学艺。弟兄们后南下搭班演出，在江南一带演《白水滩》、《伐子都》等火爆武戏，因其武功超群，表演卖力，很受南方观众欢迎。张德俊逐渐走红，遂成为江南名武生，曾与盖叫天齐名。张德武开始一直为其兄打下把，有一次演出《铁公鸡》时，不慎头部受了重伤，从此开始了教戏生涯，由于他武功基础相当扎实，且有丰富的舞台经验和独特的训练方法，遂成了出色的武功训练教师，并在实践上取得了令人信服的成果。

张德武收养了张美娟后，便以十分严厉的训练方法，督促其与兄张云鸿一起学艺练功。他完全按照旧时艺人“吃得苦中苦，方为人上人”的习惯思维方式，对张美娟进行了从难、从严的幼功训练，从拿顶、下腰、跑圆场开始，直到跟斗、把子、出手、跷功，每项功课都以加量、加强度的方式反复苦练，不允许有任何懈怠，甚至还经常用打骂、体罚等粗暴方式监督练功。幼小的张美娟在养父的严格调教下，一方面几乎天天忍受着常人难以想象的痛苦，汗水、泪水日夜相伴，但她依然咬牙坚持。回忆起幼时痛苦的练功生活，张美娟在自传中这样写道：“……打骂不知多少，到家又无温暖，无处诉说。所以常常难过，背地哭泣，心灵深处始终未感到生活的乐趣。天长日久，把我闹得很呆板了，也失去了少年的活泼和笑容……只有唱好戏能挣钱的思想。”这份自传是张美娟20世纪50年代进华东试验京剧团时写的，当时她没有文化，错字、病句难免，但内心的情感表达得很真挚、准确。但在另一方面，正是这种魔鬼式训练方式，不但使她练就了十分扎实的艺术基本功，而且养成了极其顽强的意志品质，对逆境和困难有极强的承受能力，对艺术则有着不断向上的进取心。当然，现在的年轻人根本无法想象：从早到晚不间断地忍受着身体的痛苦，长时间地踩着跷，还要赤着脚在水泥地上跑圆场、翻跟斗，这些苦都压在不足10岁的女孩子身上。也正是经历了这样的艰辛，才造就了一位大名家的品质素养和艺术素养。另外，张德武的训练绝不是一味的严格、粗暴，也有着一定合理的成分。据德武的外孙女明珠（小张美娟）回忆：“外公的训练是很强调诱导和启发，而且不是单为练功而练，是带着戏，带着情感练，要求手到、眼到、身到。”张德武以自己长期的舞台实践，领悟了神形相随这一戏曲表演的真谛，并把这一理念在启蒙阶段就注入教学中，使张美娟从小就养成了“带戏上台”的极好习惯。另外，因他自己是长期打下把，手上的出手感觉和脚下的步法都非常好，具备了优秀武功教师的基本素质，这也是张美娟基础扎实的重要因素。再有，他是出身底层的武戏演员，深知受伤对演员将带来的严重后果。所以，他训练腰、腿功总能把握好分寸，恰好调节到受伤的临界点附近，既保持了最高效率的武功训练，又能避免伤病。这些不是一般的武功教师都能做到的，所以才能训练出像张美娟这样名震国内外的大武旦。另外，张美娟的堂兄大武生张云溪，还有齐淑芳、小张美娟等都是在张德武处接受基础训练的，以至于后来，童芷苓等名家的后代也要求在他那里打武功基础，足以证明张德武的训练方法有效。还值得说一说的是，张美娟之兄张云鸿，据说也是张德武领养，从小受到同样严格的训练。后来，张云鸿也曾是一位武功卓绝、气度非凡的大武生。据看过他戏的前辈演员说，张云鸿当年台上的光彩与其堂兄、武生大名家张云溪在伯仲之间。这更证明了张德武训练的有效性。可惜后来，因父子不和，他独自去江西上饶京剧团搭班，且不思上进，荒废技艺，终沦落为普通演员。

张美娟到了8岁，开始学习整出的戏了，开蒙老师是随章遏云搭班南下的陶玉芝。她先学会了《铁弓缘·开茶馆》一折，以后又陆续学了《扈家庄》、《金山寺》、《杨排风》、《梁红玉》等武旦、刀马旦戏。与此同时，她常随养父到后台看戏、学戏。由于她从小好学、有礼貌，许多叔叔、伯伯都很喜欢这懂事的孩子，愿意教她演戏以及舞台上各种技艺和技巧。这样，她从小就广泛吸取各种艺术营养，公开和私下断断续续学了《鸿鸾禧》、《花田错》、《六月雪》、《泗州城》、《青石山》、《取金陵》等许多旦角戏。苦难的童年使张美娟产生这样一个极强愿望：一定要学好戏、唱好戏！她就这样心无旁骛地拼命练、刻苦学，经过三年多时间，她已是能演十来出折子戏的小童星了。童年的辛苦没有白受，张美娟以后的艺术发展许多地方正是得益于幼年打下的扎实基础。

有这样一个奇特的现象值得关注：作为一代女武旦创始人，张美娟居然没有拜过像样的老师。表面看来似乎有点不可思议，她的一身本事都是通过自学得来的吗？其实，这一现象在京剧界并不是完全偶然的，特别是在南方，一代宗师周信芳、盖叫天都没有明确的师承。对于出身底层的贫苦艺人，衣食都无足够的保证，所以基本没有拜名师这样的条件，要在舞台上翻身只有靠自己点滴积累和艰苦奋斗了，要想成为名家必须比他人多付出成倍的努力。这类例子虽不多见，但在京剧舞台上也确有这样从逆境中终露头角的奇才。旦角名家赵燕侠、关肃霜都有类似的经历，她们同样出身贫苦，后来的一身绝技主要靠从小在戏班中摸爬滚打，点点滴滴汇集而成。赵燕侠后来拜荀慧生为师，实际已是她成名后的事了。其实，过去的戏班乃藏龙卧虎之地，不少底包身怀绝技，可能因为倒仓、受伤、不良嗜好或家庭拖累等种种原因，沦为底包。他们可能有过辉煌，不少剧目得到过名家真传，但可惜已失去发挥的机会。当他们遇到好学、懂事的童星，常常倾囊相授。张美娟正是多次抓住了这类的机会，用最少的经济付出，得到了最大的艺术收获。

二、戏校生活

演员出身的张德武很明白：要使女儿有进一步的提高，光靠自己接触的有限范围内学、演、练还是不行的，必须扩大视野，增加接触面，并要有正规系统的学习。这样，在张美娟11岁时，他将其送入上海戏剧学校，作为插班生，一方面借台练习技艺，另一方面寻求进一步深造。

上海戏剧学校是许晓初先生在1939年创办的培养京剧演员的艺校。它的影响力仅次于富连成科班和中华戏曲专科学校，虽然存在的时间不长，学校的基本条件也差，但学校师资力量很强，拥有瑞德宝、吴富琴、陈秀华、梁连柱等京剧教育名家，因此，该校的成才率非常高。仅一届学员就培养出了顾正秋、关正明、王正堃、张正芳、孙正阳、汪正华等许多著名艺术家，当然，本书的主人公张美娟（学名张正娟）也在这些名家之列。

张美娟在戏校学习时饰演杨排风

张美娟入校后，根据学校统一要求，更名张正娟，归行武旦、刀马旦。学校练功、学戏都比较正规，虽然还谈不上科学，但也有相当的合理性，学校拥有像关鸿宾、陈秀华等虽还称不上舞台上的名家，但在教学方面确有相当造诣和丰富经验的老师，教戏教得好是有口皆碑的。张美娟在学校里开阔了眼界，正规地学到了许多东西，提高了艺术素养。特别是当时武旦大名家宋德珠曾来学

在戏校时演出《金山寺》，右为张美娟

校短期辅导学生，使她得到了许多教益。她学习认真，练功勤奋，为人诚实，少语寡言，从不招惹是非，同学关系相处得很好。笔者采访过几位至今健在的张美娟同学孙正琦、孙正阳、汪正华等，他们的印象非常一致，都认为张美娟为人质朴、练功勤奋。当时上海戏校这批小童星在社会上很受欢迎，他们在学习期间也经常对外演出。张美娟以她出色的武功和出手征服了观众，《蟠桃会》、《泗州城》等戏已给观众留下

学习期间演出《金山寺》

《小放牛》剧照

了深刻的印象。由于她演技出色，被评为戏校十大尖子学生（顾正秋、关正明、孙正阳、张正娟、张正芳、王正堃、朱正琴、景正飞、周正礼、薛正康）。她当时已学会了很多武旦戏，如《金山寺》、《锯大缸》、《红桃山》、《盗仙草》、《战金山》等，出手技巧有了很大的进步。当时的上海戏校条件远不能和富连成、中华戏校相比，甚至连基本的食宿问题都不能得到很好解决，

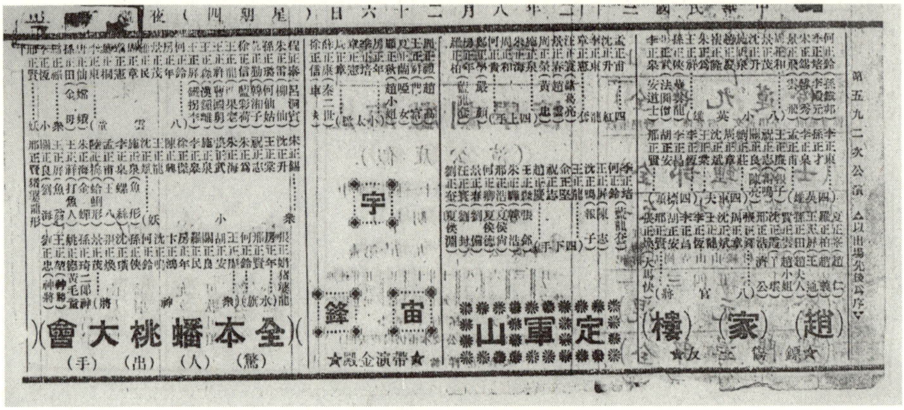
中華民國三十二年二月八日（星期四）夜

第五九二次公演

（趙）（家）（樓）

定軍山

宇宙鋒

（驚）（人）（出）（手）

全本蟠桃大會

戏校演出的说明书

学生每月仅有两斗米的收入。张美娟因家境贫困，为了尽早养家糊口，在15岁那年，不得不提前离开戏校，外出搭班演戏维持生活了。但是，几年的戏校学习所培养的艺术素养是张美娟一生得益匪浅的。

三、初露头角

离开戏校后，张美娟开始了贯穿一生的演艺生活。由于家境贫困，既无行头又无名望，起初她只能在上海南市打浦桥一带搭上淮剧班，演些小武戏，挣钱糊口，维持生活。但由于她武功扎实，演戏认真，再加上在戏校已有了一点小名声，渐渐地有了一定的观众群。一年之后，机会终于来了。1945年，一次在杭州大世界演出中，她主演《摇钱树》一剧，扮演张四姐，出手、开打极为精彩，一炮打响，终于熬到了有包银的日子，从此，张美娟的名字也渐渐地传开了。18岁开始，张美娟以一个演开锣戏的小武旦身份进入京剧舞台，通过不断的艺术实践，不停歇地每天日夜两场演出，在与各行当名家同台演出中吸取营养，在短短的三年时间内，演了一百多出戏，辗转上海、杭州、南昌、武汉等地，声望大增。这样，她逐渐成了走红江南一带的能挑大梁的名角了。

这里记录着1946年11月1日在汉口大舞台演出的剧目：《摇钱树》张美娟；《石秀与潘巧云》戴绮霞、张云溪、王玉让；《全本新玉堂春》郑冰

《花田错》剧照，张美娟饰春兰

如、王鸿福、王兰秋。这说明，17岁的张美娟在南方京剧舞台上已有了一席地位了。通常来说，这一步的飞跃会给她生活、社交等方面同时带来质的变化，但在张美娟身上却没有这样的情景出现，她一贫如洗，依然故我，所有的收入全部归了养父。她在自传中写道："……这时父亲待我好起来，……不过，对我管理更严格，不准私自出门，待人接物完全由他交涉。"实际上，她只是演戏、赚钱的机器，也正是这样日复一日的生活，使她全部精力都集中到演戏上，只有舞台上的成功才是她唯一的幸福。就这样，她不辞劳苦地在各地奔波，搭班演出，1945年在杭州，1946年在汉口大舞台、南昌明乐戏园，1947年在南京中华剧场、上海天蟾舞台，1948年在无锡中东剧场，数年来，历经千余场的艺术实践，她日趋成熟，成为名誉江南的小角儿了。

她的成功绝非偶然。首先，她有着非常扎实的幼功基础，养父的严格训练和戏校的良好启蒙，是她成为红角的必要条件；其次，她演戏极度认真，心无旁骛，在舞台上一直保持着十分的精力，在生活中绝不沾染热衷于社交活动的陋习，始终朴实本分，赢得了同行和观众的交口称誉；再者，她相当重视向同行学习，不断吸取各种营养，充实自己。在此期间，

张美娟与谷春章合作《小放牛》

与她同台的名家有：李少春、唐韵笙、李玉茹、张云溪、李万春、言慧珠、郑冰如等，他们在不同的方面都给了张美娟无形的帮助，使她的艺术境界不断提高，对戏的内涵的理解不断加深；最重要的原因还是她积极进取的探索精神和在舞台上的创新欲望，促使她艺术水平迅速长进。她虽是演武旦出身，但在这段舞台实践中，演出的剧目之多、戏路之广，是一般演员绝难做到的。她的演戏折子上有一百多出剧目，不但包含了几乎所有的武旦、刀马旦的戏，而且还能演许多花旦戏甚至大青衣的戏，有时还反串武生、武小生，常常文武双出。那期间，演出的戏码除了本工戏《金山寺》、《锯大缸》、《红桃山》、《盗仙草》、《战金山》、《泗州城》、《取金陵》、《杨排风》、《扈家庄》、《十三妹》等，还演出了《红娘》、《大英杰烈》、《花木兰》、《红梅阁》、《虹霓关》、《樊梨花》、《霸王别姬》、《小放牛》、《天女散花》，甚至青衣戏《锁麟囊》、《生死恨》、《玉堂春》、《凤还巢》等，以及武生、小生戏《战马超》、《连环套》、《铁公鸡》、《八大锤》、《群英会》等。从她在20世纪四五十年代演出的旧戏单中，可以看出她不但能演各个行当的传统戏，而且还能演《红娘子》这类新创的大型本戏，20岁刚出头的小姑娘已经显出了艺术上非凡的功力。

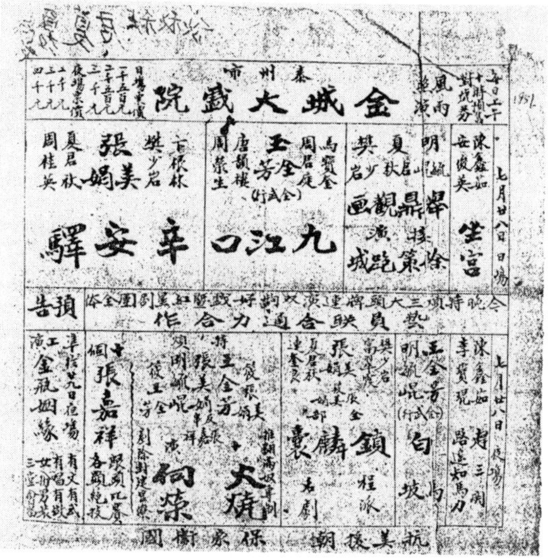

张美娟演出时的旧戏单

她的成功确实给她苦难的童年生活带来了喜悦，但负面的社会阴影也伴随着产生。有一年，在南昌演出，有个军阀看上了张美娟，借宴请为名，强行要她陪酒。社会经验丰富的张德武已觉察到事情不妙，迅速决定撤离，那军阀得知大怒，据说追赶时还开了枪。幸好他们逃脱及时，否则后果难以设想。自从这事发生后，张美娟对拜客、宴请这类事情产生了极大的心理阴影。后来在上海天蟾舞台演出时，为了票房效果，不得不再次拜客时，她战战兢兢，内心中反感至极。她说："练功、演出再苦再累，我都能忍受，唯有这类事让我最害怕了。"她在自传中写道："……我思想上很痛恨那些资本家……"这类苦恼，大多数女演员都有不同程度的遭遇，对严重缺乏社交能力的张美娟来说，更是她艺术发展道路上最大的羁绊。

四、初步形成的女武旦艺术特色

张美娟作为一个青年女武旦很快地初露头角，除了她技艺过人、演戏认真外，还得益于她所选择的行当。以前的武旦基本上都是男性扮演，到了20世纪40年代，随着坤角的兴起，一批女武旦也随之崛起，其中较出色的有白玉艳、关肃霜、张美娟、周云霞等。她们的走红与时代进步、女性逐渐融入社会有关，她们的表演又恰好与当代审美要求相吻合。自1840年京剧基本形成时，就有了武旦这一行当，但武旦行当通常在戏班中是人数和影响最小的行当，多数戏班只有一名武旦演员，包揽了该行当所有台上的活。以前的武旦大多数是踩跷的男武旦，在剧团中的地位也只是演开锣戏和一些配角，扮演的人物多数是女妖和女强盗，武打的技巧和手段也较武生差之甚远。

正式开武旦行挑班先例的是宋德珠（1918—1984），他原籍天津，生于北京，1930年入中华戏校，为"德"字班学员，主攻武旦。在校期间，得余玉琴、阎岚秋、朱桂芳等诸武旦名师教授，打下了十分扎实的基础，当时与李世芳、毛世来、张君秋同被评为四小名旦。毕业后不久，他组织了颖光社，自己领衔主演，开创武旦挑班之先例。他幼功扎实，腰腿、把子、出手、跷功等各项技艺俱佳，而且有相当好的舞台气质和文戏基础，擅长表现人物性格，形成了"美、媚、脆、锐"的独特艺术风格，是武旦行当影响最大的一位艺术家。当时的名武旦除宋德珠外，较杰出的还有李金鸿、陈金彪、班世超、阎世善、冀韵兰等，他们各自在舞台上享有一定的声誉，各有其独到的艺术特色，也为武旦艺术的发展作出了各自的贡献。概括说来，那一代武旦区别于现代武旦大致有如下特点：

1. 他们同当时的旦角演员一样，大都是男性；

2. 这些演员基本上都踩跷，均须有相当好的跷功；

3. "拿顶功"是男武旦的一项基本功，在许多剧目中皆有运用。

宋德珠《改容战父》剧照

以张美娟为代表的新一代女武旦为该行当的发展作了一系列的艺术创新，很大程度上提高了武旦行当在京剧舞台上的地位。首先，剧目内容的改变是必要前提。以前的武旦扮演反面人物居多，看武旦戏主要是热闹、火爆，缺少深层次的艺术感受，也就是说，人物的内心表现很不够。从内容分析，这是很自然的事，很难想象，怎样去表现一个女妖的内心活动。当《泗州城》改编为《虹桥赠珠》后，剧中人物地位的变化也促使了表演手段和方式的变化。总体说来，这样的改变使武旦行当表演的内容和形式较以前丰富了很多。张美娟新的艺术特色就是在武旦戏中突出表现了人物内心（下节将逐个剧目详述）。或许有读者会认为，这话说得太笼统，任何行当、任何流派的艺术境界都是体现在表现人物内心。但实际上并不完全是，人物在剧情发展中内心活动必定有复杂简单之分，比如说《四杰村》，看此戏的观众基本都是欣赏武打和翻跌技巧，有谁还会注意余千的内心活动？张美娟的表演中的内在深度绝不是笼统地空谈，而是确实有实在的内容，为武旦行的“武戏文唱”开创了一个很好的范例。张美娟艺术上另一个重要特点是：强调舞台形象整体美。以前的武戏常常注重“有绝活”，称为“一招鲜，吃遍天”，绝活当然对观众有很大的吸引力，但强调舞台整体美则是艺术上更高一层的境界，这犹如一幅画、一幅字，没有败笔就是上品，局部

宋德珠《扈家庄》剧照

的出彩并不一定是精品。张美娟也有不少绝活，但她令人更为赞叹的是：整出戏几乎挑不出什么毛病来，一招一式无不显出美感，给观众的艺术享受余味无穷。还有很值得一提的，是她武打技巧的创新，“打出手”是武旦特有的主要武打技巧，过去的男武旦都是“踩跷”打出手，形式相对都比较简单。张美娟在18岁时就首创了踢双飞的出手技巧，后来又创造了踢“十杆枪”的大型打出手，还尝试了“三人忙”的快节奏打出手。她把这些高难度的技巧根据剧情运用到不同的剧目中，不但打出了火炽的舞台气氛，还打出了人物性格特征和富于变化的新节奏。再有，新一代女武旦都是女演员，她们开打、舞蹈的形体动作，相对比较自然、柔软和舒展，更符合现代的审美要求。这一点在张美娟身上体现得尤为明显，为后一代武旦演员竞相效仿，她为女演员演武旦行当开拓了一条切实可行之路。

第二章　新一代武旦的代表人物

一、加入华东实验京剧团

中华人民共和国成立后，社会制度有了质的变化，各项活动的社会运作也随之起了很大的变化。京剧舞台当然也不例外，体制也与以前有了本质的不同。首先，演员不再是闯荡江湖的自由职业者，再不是被社会鄙视的“戏子”，而是归入知识分子行列的文艺工作者，社会地位有了本质上的提高。新中国成立后的文艺工作已纳入政府管理的范围，文化主管部门对京剧舞台演出作了许多以前从未有过的规定。例如，什么戏能演、什么戏不可以演，演员应得的收入，演出的票价等，都要由政府部门决定。国家还成立了像中国京剧院、华东实验京剧团等国营剧团，演员的收入由包银变为工资，角儿挑班制变为党政领导管理剧团。这一改变，对大多数普通演员来说，社会地位有了提高，基本生活有了确定的保障，无疑是很有利的。但对一些有一定声望的名演员说来则未必，这些改变使他们的影响力相对缩小，特别是加入国营剧团可能实际收入会相对降低。所以新中国成立初期，有不少演员仍愿留在民营剧团，使过去的生活、工作方式变化相对小一些。张美娟当时在京剧界的地位应介于两者之间，她当时在苏州开明大戏院与薛浩

张美娟《天女散花》剧照

伟、赵晓岚、张鸿声等组班演出，颇受观众欢迎，也很卖座，因此个人收入也不错。但她的生活依然不是名角的生活，经济权利、社交权利仍然掌握在养父手中，所以，她的思想倾向是接近底层艺人的。另外，由于她对京剧艺术非常执著，特别对舞台上的新事物有着超人的敏感和强烈的向往，因此，社会上的各种新气象对她有着很强的吸引力。虽然她为了生计仍在民营剧团搭班演出，但始终在寻找机会加入国营剧团。

1951年，张美娟离开苏州，到常州红星京剧团搭班。这也是个民营剧团，团长蒋金鸿非常重视这个年轻有前途的小武旦，除了让她任挑梁主演外，还给出每月600元超高价包银。优裕的条件并没有使张美娟内心得到满足，她在自传中写道："……流动演出生活上很平静，但自己思想上变化很大，……感到人民翻身了。"特别是有一次在无锡演出，她向一位主管干部问其是否要"拜客"的事，那位干部断然否决了此事。张美娟在自传中这样记述："……一位干部给我的教育非常大，……他说：今天人民当家，还拜什么客？……我是从未听见过这种谈话，感到我们父女真正翻身啦。"确实，像张美娟这样的演员对新社会的拥护完全是真心诚意的，丝毫没有讨好官方的做作。所以，她加入国营剧团的愿望也是十分迫切的。她这样写道："……看到一些大剧团，更使我羡慕得不得了，……如江苏京剧团、华东京剧团，他们排的新戏、服装、台上的精神，都使我眼睛一亮……"当时华东京剧团在无锡演出《劈山救母》、《皇帝与妓女》等新戏，使张美娟大感兴趣，她暗暗下定决心，一定要争取加入国营剧团。

生活中的机遇通常是由各种因素合力促成的，张美娟在人生转折的关键时刻遇到了一位伯乐，他就是对南方京剧发展作出重要贡献的京剧活动家吴石坚。吴石坚，江苏沭阳人，1938年参加革命，1942年起担任解放区戏剧领导工作，后来始终从事该项事业，是上海京剧院的创始人。当时，他正任苏南行政公署文化科长，主管当地的戏曲演出工作。他在无锡中东大戏院认识了张美娟，并多次看张演出的《荒江女侠》、《红蝴蝶》、《取金陵》等戏。他对这位技艺超群的青年演员产生了极大的好感，觉得张美娟不但在舞台上光彩照人、武功卓绝，而且台下布衣布鞋、齐耳短发，显得朴实无华、端庄大方，这正是老革命们最钟爱的年轻人形象。

当吴石坚正考虑应怎样提携这个年轻人时，张美娟竟然找上门来了。她开门见山求吴石坚帮忙，要求辞班，离开常州红星京剧团，加入华东京剧团。吴石坚稍稍感到有点为难，因为常州红星京剧团是他重点辅导的一个剧团，是苏南第一个批准“民营公助”单位，而张美娟又是该团的台柱子，团长蒋金鸿一定会千方百计地留住她。他确实不忍心拆自己扶植起来的剧团的台，他只好对张美娟婉言相劝：“你走了，常州红星京剧团怎么办？剧团可能要垮呀！”想不到张美娟竟然急哭了：“我都25岁了，再不走……”吴石坚没有料到张美娟的要求如此迫切、坚决，年轻演员有这样进步的思想太不容易了，这正是国家急需的艺术人才。吴石坚决心出手相助，他先要做通蒋金鸿的工作，要他为张美娟开绿灯。又从自己身兼团长的苏南大众京剧团内抽调四名骨干演员支援红星京剧团（其中包括丁英奇、倪兰萍夫妇），以交换张美娟离团。张美娟终于迈出了关键性的第一步。

华东京剧团那时是一支兵强马壮的京剧队伍，老生有陈大濩、沈金波，旦角有李玉茹、金素雯、陈正薇、王熙春，武生有王金璐，丑角有刘斌昆、孙正阳等，阵容整齐，唯一缺的就是武旦。张美娟经江南名丑刘斌昆介绍，要求加盟华东京剧团。这样一位性价比相当高的年轻武旦正值华东京剧团所需，当时的领导周玑璋、吕君樵等都非常重视，准备认真地考一考这位前途无量的年轻人。入门的考卷分量很重：三出见功力的经典老戏《泗州城》、《十三妹》、《霸王别姬》，这能全面地考核演员唱、念、做、打以及人物塑造、内心表演等整体功力。张美娟出色地完成了这场考试。当年看过这场演出的老演员至今说起还津津乐道：“她《泗州城》中的左右两把‘旱水’真是绝了！打出手这么漂亮还没见过！”，“一个武旦演员唱念都这么讲究太不容易了！”，“趟马真边式！”这样，她正式加盟华东京剧团，成了国家剧团的一名文艺工作者。

大家都这样说：加入华东京剧团，张美娟的春天来临了，这是人生中一次重大的转折，而这一关键的决定是张美娟自己拿的主意。据说，张德武对女儿要求加入国营剧团开始是不大同意的，至少是很不热心。他是经过旧社会摸爬滚打的老艺人，也是需要养家糊口的当家人，所以，经济利益永远是他首要考虑。加入华东京剧团后拿薪水是固定的，按约定每月400多元，比在苏锡常等地挑班演出收入要差了一块，这就是张德武不赞成的主要原因。但他心里十分明白：张美娟已不是小孩子，不可以随他像以前一样任意摆布了，她已是家庭生活的顶梁柱，几乎承担着全家的生计。鉴于张云鸿的前车之鉴，他清楚不能在这件事上与女儿发生尖锐冲突，更何况去华东京剧团前景毕竟要好得多，也不用担心卖座的压力了。张德武决定对女儿做出第一次重大让步，同样，这也是张美娟自己第一次“当家做主”，做出了一生中至关重要的决定，为她后来在艺术上的发展闯出了一个好的开端。

二、人生的新起点

进了华东京剧团，张美娟在演戏、生活、思想等方面都发生了质的变化。在国营剧团里，生活很安定，不用再像以前那样跑码头挣钱奋斗了。行头也不用自己置办，新剧目也有专职的编剧来创编，也不用为吸引观众演一些不太熟悉的反串戏了。该剧团旦角人才济济，张美娟被明确归行武旦、刀马旦。由于她幼年练功过狠和青少年时期奔波劳累，她的嗓子已经缺少亮色，常演文戏的可能性不存在了。对于一般人说来，这样相对比较单一、轻松的演艺生活也可以满意了，但对张美娟说来，这却是个永远解不开的心结。她从小唯一的爱好就是演戏，其中的最大乐趣莫过于塑造人物，如果不能演文戏心里总不是滋味。她在一次填履历表时，对领导要求的栏目中这样写：“愿在文戏发展，要求领导给我业务工作做。”她没有多少文化，更不会书面表达，就这么一句半通不通的话，表达了她内心强烈的心声，这个心结一直伴随她终身。当然，她是一个非常实际的人，完全懂得应该怎样面对现实，于是，她就在“武戏文唱”上下足工夫，把刻画人物内心表现在最难发挥的武旦剧目上。她从自己一些常演的剧目做起，开始逐个剧目地进行加工、整理、修改，突出人物内心的表演，力求将剧情和武打有机地交融在一起，使这些传统老戏逐步提炼为精品剧目，与此同时，更有价值的是她把武旦行当总体上升到一个新的境界。（这方面

《盗仙草》剧照，中为张美娟

的内容将在下节详述）

她的经济生活始终有着两重性。在新中国成立初期，普通老百姓的生活基本处于穷困阶段，每人每月的生活费用大致在10元之内，在上海地区，中级干部以上的月收入才能达到100元。而张美娟在华东京剧团有400多元的月收入，已经相当于政府高级官员的经济待遇了，在上海完全有条件过富人的生活。但事实却并非如此，她依然布衣布鞋、粗茶淡饭，与许多京剧名角生活大相径庭。因为她仍然像以前一样，要把全部收入交给养父，身边只有少量的零用钱。她没有什么社会交往，每天按时上班，练功、学习、演戏，从不睡懒觉，没有应酬，不用奢侈品，没有丝毫名角派头，勤奋、朴实、和善、寡言，一身平民气，其品德、操守得到了领导和同事们的交口称赞。

在进入国营剧团后，她的生活中增添了一项新内容——学文化，这也是她除演戏外最投入的一项工作了。张美娟从小失学，第一次填履历表时，她在文化程度一栏中填了“文盲”，没文化给她艺术发展造成很大的障碍。因此，她有很强的求知欲，再加上她从小练就的顽强意志，学习很有成效。当时，剧团里成立了文化学习班，每周上两次课，文化教员郭炎生是个既懂京戏又有文学功底的好老师，教课也很认真。张美娟从不缺课、迟到，不久，她就能自己读书、看报、写作了。看过她在20世纪50年代初期写的工作汇报等材料，工整的字迹和平朴的语言（虽然也有错字和病句）真让人看不出是一个刚脱了文盲帽子的人所写。张美娟学文化进步显著，还有个重要原因，是她得到了演员队长齐英才十分认真的辅导。齐英才是夏声戏校首届毕业生，工武小生，1950年年底加入华东京剧团，是剧团重点培养的年轻干部，组织练功、演出，帮助演员学文化都是他分内之事。齐英才至今谈起这段往事，觉得很有回味，他坦率地承认：当时辅导张美娟的学习隐含着感情成分，他已经爱上了这位姑娘，正以这样的方式进行着"君子好逑"。

在张美娟身上变化最明显的是她的思想状态，以前，她只有一个想法：唱戏赚钱，看不到未来的生活前景。现在不同了，社会的新气象打开了她的眼界，更打动着她的心灵，一个出身贫穷、从小饱经苦难的女孩子，对新社会有着本能的好感，实际的感受使她深信：未来是美好的。所以，她积极要求进步，靠拢组织，服从领导，只想唱好戏来回报社会。同样是一个"唱好戏"的愿望，现在和过去就不同了。过去唱好戏是与经济利益紧密相连的，票房收入是衡量的主要标准，当然，艺人们也有可持续发展的艺术追求，但与赚钱相比，多数艺人是考虑后者。那时候，唱戏的目的是挣钱养家，唱得越好钱就挣得越多，卖票的观众是评判者；现在则不同，演出由领导决定，领导教育演员：唱戏的目的是"为人民服务"，演出场次多少、质量好坏与收入没有直接关系，观众已不是主要评判者，领导和专家们核定的文艺级别标志着个人艺术水准，主管部门核定的票价体现个人的舞台价值。运作规则的改变影响着人们思想的变化。"唱好戏"这一愿望的利益功能很大程度地被弱化，确实有些演员台上泡汤台下散漫、不思上进而导致艺术退步，而坚持这一愿望的艺人多数是由于对京剧艺术的酷爱，这一纯艺术的价值观确实比功利目的来得高尚。张美娟就是典型的坚持这种想法的演员，演戏是她唯一的爱好，更何况现在她已不再是赚钱的机器，她信奉"为人民服务"的理念。从她的实际表现分析，她坚持两点：第一，演好戏，要让领导满意、同行满意、观众满意；第二，积极要求进步，争取入团、入党，服从组织领导。她认为，这样就是做到为人民服务了。她在入党志愿书中这样写道："……我是一个穷苦孩子，自幼失去母爱，被抛弃做人家的养女，因此受尽了压迫和剥削。……看到社会的转变和人民的幸福生活，深深使我感到：敬爱的党把我们从奴隶的地位提高成了国家的主人。我心中的喜悦是难以说尽的，所以，我要求彻底解放，主动地争取参加了国营剧团，并积极要求学习和进步。"张美娟的这些想法都是非常真诚的，而且得到了领导的充分肯定。团领导在政治上重点培养她，业务上全力支持她，特别是当吴石坚调到华东实验京剧团任总支书记兼副团长后，各方面都为张美娟创造了很好的条件，她人生的新起点开始了。

三、新集体中的张美娟

张美娟从一个江南小武旦逐步成为蜚声中外的大艺术家，其成功的主要秘诀是她的每一出戏都含有创新的成分，都经过自己的认真琢磨，加工整理，她常演的剧目几乎都是精品。要做到这一点，完全靠张美娟自己完成是不大可能的，新体制的优势在她身上体现出来了。自华东京剧团归并为上海京剧院后，在吴石坚的全力支持下，一个以张美娟为中心的团体悄然形成，其中包括编导人员张奎芳、张鸣义、张丙昆，演员齐英才、孙正琦、贺梦梨、王岭森。这些都是团里的骨干人员，按他们各自的才能，完全能独立地在自己的领域做出业绩来，但他们却甘作绿叶，全心全意地辅助张美娟成就了她的事业，笔者在此有必要将他们逐一作一下简要介绍——

张奎芳：上海京剧院资深技导、剧务，早在20世纪50年代初，就担任过李玉茹主演的《白蛇传》的技导（张美娟演小青），后又担任《火凤凰》、《智取威虎山》等剧的技导。

张鸣义：京剧导演，演员出身，担任过《火凤凰》、《海港》及戏曲艺术片《白蛇传》（李炳淑主演）的导演。

张丙昆：京剧编剧，笔名卫明。编写过《百花公主》、《火凤凰》等剧。

齐英才：小生演员，文武兼长，夏声戏剧学校首届毕业生，20世纪50年代任演员队队长，后任上海京剧院一团团长、副院长，上海戏曲学校副校长。

孙正琦：武净演员，上海戏剧学校毕业，与张美娟同为“正字辈”同学。幼功扎实，武技娴熟，为张美娟配下手，任“头杆枪”的角色。

贺梦梨：文武老生演员，夏声戏剧学校第三期毕业生。曾主演《三岔口》、《投军别窑》等剧，为张美娟配下手兼演配角。

王岭森：丑角演员，武功扎实，跟斗极佳。曾主演《盗银壶》、《盗甲》等戏，为张美娟配下手。

这些伙伴们不仅在台上为张美娟扔枪、打下手，在台下还帮助她整理、修改剧本，设计、编排武打动作。在这些朋友们共同努力下，张美娟新改编的剧目陆续公演并引起轰动，计有《盗仙草》、《虹桥赠珠》、《八仙过海》、《打瓜招亲》、《挡马》、《打焦赞》、《火凤凰》以及大型连台本戏上、下集《宏碧缘》等。这些戏几乎是演一出成功一出，台下的努力使剧情与时代合拍，编排有新的创意；台上的表演严丝合缝、精彩

《金山寺》中明珠饰小青（左），张美娟饰白素贞（右）

张美娟和她的伙伴们

《虹桥赠珠》中张美娟与齐英才搭档

纷呈，得到内外行交口称誉。张美娟确实也离不开这些和她默契配合的好伙伴，且不说编导们帮助她写戏、编戏、排戏，就是那些给她打下手的兄弟们，缺少了他们，张美娟的出手戏精彩程度要大打折扣。每逢有重大的演出必须有这四人护航保驾。孙正琦是她的师哥，从小就陪她练出手，也曾演过《收关胜》等主角戏。自进华东实验京剧团后，他的主要任务就是辅助师妹演好武旦戏，只要有出手活，他就是“头杆枪”，在《打瓜招亲》中出色地配演郑子明，为全剧增色不少。齐英才后来是她的丈夫，原是一个颇有前途的小生演员，曾与马连良、周信芳两位大师合作演出过《群英会》。在业务管理上也有发展潜力，很受领导器重。他也认真地为张美娟打下手，丝毫没有队长的架子。贺梦梨也是个很有天分的演员，文武俱佳，唱念颇有几分李少春的味道，据说一出《三岔口》也是李少春亲自教的。他聪明好学，演戏很能动脑筋，擅长表演。他在《八仙过海》中配演吕洞宾，《宏碧缘》里配演朱彪，均有上佳的表演。他也一心一意地辅助张美娟。王岭森是个武丑奇才，跟斗翻得既轻又飘，《盗银壶》中的云里翻堪称一绝，他也把为张美娟打下手作为主要工作。这些伙伴们其实都可以担纲主演，独立地在舞台上发展，但他们在一定程度上牺牲了自己的索求。张美娟在1963年《新民晚报》上发表过一篇题为《新旧舞台大不同》的文章，她这样称赞新社会和她的伙伴们："打出手由来已久，但只有在新社会，它才有了动人的魅力。因为要演好打出手，除了依靠主要演员的功力外，还要靠演员相互间的协作。……在新社会的舞台上，演员在这方面用不着担心，过去的不良作风，随着旧社会一去不复返了。……每次练出手，大家合作得像一个人似的。提高演出质量已成为每个演员共同努力的目标。和我多年配戏的演员，现在都是一条艺术道路上的同志。彼此亲密无间。有人说我的出手以稳见长，其实，如果没有他们的默契配合，渲染烘托，这稳字很难做到。"新中国成立后京剧体制有了较大的改变，这对京剧发展的利弊得失至今仍是争议不决之事。认为弊多的强调的是：戏曲艺术政治化倾向太重，导致许多有艺术特色的剧目因政治原因被禁演；行政干预演出过多，导致舞台竞争缺失，演员的个性发挥受了一定的影响；演出效果与经济利益不直接挂钩，影响演员台上的积极性。认为利多的强调的是：京剧演出有了统一管理，合作性加强了，其中包括编导人员与演出人员之间的合作和演员之间的合作；文艺工作有了领导，戏曲的文化性增强了，成功的新剧目不断出现；艺人社会地位有了提高，产生了当家做主的翻身感，思想觉悟提高了，从而增强了演出的自觉性。对张美娟来说，正面效应远大于负面的，上述三方面的有利因素在张美娟小组中都有了充分的体现。客观地说，新中国成立后政府对戏曲艺人（特别是京剧）的关照还是优厚有加的。单说工资待遇，他们中间就有一定数量的人突破了行政最高级别的收入，稍有一些名望的演员，都被主管部门当作特殊群体优待，更不用说政治待遇的大幅度提高了。在这一点上，张美娟感恩情绪是很强烈的，正因为如此，她完全不计较负面因素对艺术发展的影响。她是真诚地感到心满意足，觉得一切都在向好的方面转变，这就决定了她不但在演出中努力表现，而且在政府号召的一切活动中都非常积极投入。

1953年，张美娟首批参加赴朝慰问演出，分在京剧队第三组，在很艰苦的条件下，表现突出。队部给她的鉴定结论中这样写："该同志工作积极，进步非常显著，思想单纯踏实。但在业务上有所保守，希望该同志更好地加强学习。"签名的是她所在团的领导林鹏程。回国后不久，她即加入了共产主义青年团（由张捷、邱云芳介绍）。以后，她在事业发展的道路上一直顺风满帆，政治上、业务上获得了全面丰收。

1954年，张美娟参加中华人民共和国文化代表团出访缅甸、印度，任主要演员，演出新整理改编的《盗仙草》获金质奖章（下节将详写）。回国后，她又以该剧参加华东戏曲观摩汇演，获演员表演一等奖。11月，经吴石坚、邱云芳介绍，张美娟加入了中国共产党。

1955年，张美娟当选为上海市政协委员和全国社会主义青年积极分子，赴北京参加全国代表大会并获奖章；同年4月，又参加中国文化代表团出访印度尼西亚，再次名震海外。

1956年，张美娟被评为上海市先进工作者；同年2月，与齐英才喜结连理。婚礼在京剧院团部礼堂（威海路）举行，团里的领导和同事聚集一堂，周信芳院长、吴石坚书记主婚，婚礼以茶话会的形式，同志们纷纷前来道贺，气氛十分热闹。周院长还送了一套莎士比亚戏剧集，签名、盖章并扎上红丝带后，亲手递给张美娟夫妇，并语重心长地说："咱们演员一定要多读书，提高文化修养，开卷有益啊。"

结婚照

由于张美娟是京剧界首次出国的主要演员，所以，她得到了国家领导人毛泽东、周恩来等的关注，而且对她的艺术表示欣赏，给出了较高的评价，同时还对她演出剧目的修改表示了具体的意见。这样，上海文化局和院内领导对她的重视程度更是倍加，除了周信芳、李玉茹、童芷苓三位挑大梁者外，对张美娟编戏、排戏、演戏的支持力度应该说是最大的了。她在业务发展的道路上几乎是通行无阻，于是，她的精品剧目一个接着一个地产生了。

四、老戏新演

1.《盗仙草》

《盗仙草》是张美娟最早改编整理的一出传统折子戏。该剧原为《白蛇传》中的一折，剧情为许仙在端阳节酒变以后，受了惊吓，生命垂危，白素贞不顾生死去昆仑山盗取灵芝仙草，与鹿、鹤二仙童发生了争斗，终于感动了南极仙翁，赐她仙草，救活了许仙。这原是一出武旦的开锣小戏，主角白素贞仅有与二仙童舞剑对打的技巧，没有太多的精彩场面。

张美娟对这出戏早就有过改动的设想。正巧在1954年，中国京剧在新中国成立后首次出国演出，上海京剧院派出的是以张美娟为主的武旦

张美娟《盗仙草》剧照

戏。出国的剧目通常要求上场的演员尽量少，这样，武旦戏中《盗仙草》则是非常合适的剧目，可惜该剧精彩程度不够。于是，在吴石坚的主持下，张美娟和她的伙伴们开始对这出戏进行了整理加工，重点是增加了出手和出手的难度。原剧中只有两个仙童（鹿童、鹤童）与白娘子开打，即便有出手节奏也很慢，没有战斗气氛。改编本新增加了清风、明月两个童子，武打用大型出手方式来体现，三人六杆枪，五人十杆枪。当时武旦踢十杆枪是一个了不起的创举，而且增加了双飞踢枪、前后脚踢桥等高难度动作，很大程度上丰富了武旦的武打、出手内容。另外，这出戏不但加大了出手难度，而且加快了武打节奏，舞台场面非常火爆，感染力相当强。

新版本《盗仙草》排演后，即到北京演出，接受审查，结果大获成功。李少春、叶盛章等大名家纷纷称赞，特别是侯喜瑞老先生特地到后台表示祝贺。当时因新中国成立后京剧舞台上废除了跷功，一些男武旦表演的精彩度受到了一定的影响，一代名武旦宋德珠很少演出，另一名武旦李金红也改演了小生，武旦行当似乎走入了低谷。正是这出《盗仙草》为武旦戏开创了一条可行的新路，后来涌现的大量新一代女武旦基本上都遵循张美娟的路子，使京剧武旦行的发展出现了空前辉煌的局面。也正是这一出《盗仙草》，使张美娟名声大噪，不但在京剧圈内外叫响，特别是让国家领导人毛泽东、周恩来、陈毅等人记住了这个名字！

《盗仙草》新版本还有一点重大的改动是在剧情方面，由原来南极仙翁赐予仙草改为白娘子靠自己的力量盗取。据说这是因为毛泽东在看完该剧演出后，说了句："《盗仙草》关键是个盗字，别人赐的就不是盗仙草了。"周恩来将此意传达给了京剧院，当然各级领导和剧组都必须遵旨而行，该剧就删去了南极仙翁这一人物，改为白素贞靠自己的力量战胜了四童子，夺得灵芝仙草。根据共和国初期党的理念，凡是反对封建礼教追求爱情的都是应该宣扬的正面人物。按这一理念，白素贞、水母、金鱼精、张四姐等都需要从妖精变为仙子的角色转换。这一转换是否合理暂且不论，但对武旦行当发展无疑是有利的，因为这能使剧中的主角内心表演丰富了，为武旦的武戏文唱提供了更宽广的施展空间。这正是张美娟梦寐以求的，她后来创演的精品剧目毫无例外地都突出了人物的内心表演。

张美娟《盗仙草》剧照

张美娟《泗州城》剧照

张美娟《虹桥赠珠》剧照

另外，这一剧情的改动，也使武技展示有了更多内容。因为白娘子自己在昆仑山崖边盗得仙草，有条件的武旦演员可以合理地用高台“台漫”或“倒扎虎”翻下，使全剧起到“豹尾击石”的高潮效果。这一设计来自张美娟，虽然她自己并没有实践这样演法，但自齐淑芳、王芝泉等及后起的武旦都无例外地高台翻下。

这出《盗仙草》，自张美娟创编后，老版本的《盗仙草》几乎无人再演了，单演此剧，演员们都毫

张美娟《虹桥赠珠》剧照

无例外地都打出手、翻高台。这说明，她的改编不但合理，而且精彩，并具有强大的生命力，得到最广泛程度的流传。对比现在许多新编剧目，奖项、荣誉一大堆，舆论吹得比天高，但可怜的是既无人学演，也无人传唱，居然还称为京剧发展的方向和里程碑？而张美娟编演的戏大多数都流传了下来，这才是对京剧艺术发展的真正贡献。

2.《虹桥赠珠》

《虹桥赠珠》是一出根据传统老戏《泗州城》改编的剧目。这也是在张美娟第一次出国时的创作，剧情变动的幅度较《盗仙草》更大，据说也是根据毛泽东主席和周恩来总理两位最高领导的建议改编的。首先她变更了主角的身份，把祸害百姓的女妖改成了追求爱情的凌波仙子，她的对手也不是曾经大闹天宫的孙悟空，而是代表天庭利益的二郎神，原来的妖魔被降伏也改成仙子战胜了天兵天将。这样，原来的降妖戏就变成虚构的神话戏。当然，这样的改动是和20世纪50年代的社会背景有关，是否完全合适也需要重新评论，但张美娟创造的新的舞台形象，在观众的印象中则永远磨灭不掉了。她的表演仔细考虑了剧中人物的情景，开始时仙子偶遇书生白泳，被对方的风度吸引，彼此爱慕，违反天规而结亲。这一段，张美娟发挥了她文戏的功底，运用了优美的“吹腔”曲调，边舞边唱，相当动情，在赠书生宝珠时，有类似《百花赠剑》的意境。总之，她前面十多分钟的文场子，丝毫没有令人觉得这是过场戏而腻烦的感觉。当闻听天兵来犯时，张美娟有一段精彩的内心表现，转喜为惊，继而愤怒，用一个漂亮的水袖下场，表现了仙子抗争的决心，这些表演都是老《泗州城》中所没有的。武打场子更是她拿手之作，开打的形式也与老《泗州城》有所不同。前者为表现妖精的自矜和卖弄，节奏打得比较慢，而《虹桥赠珠》则是拼死的抗争，一开始就打得急风暴雨，节奏极快。在出手中，张美娟充分运用了熟练掌握的高难技巧，采用了前后桥踢枪、腾空踢枪、乌龙绞柱踢枪、连续三次弹双枪等过去男武旦未有的技巧，一方面给观众以激情的艺术享受，另一方面表现了凌波仙子殊死相抗的不屈精神。正当仙子几乎不敌时，书生拿着宝珠及时赶到，一个“吊毛”把宝珠递到仙子手中，最终战败了二郎神和天兵天将。这出戏确实是张美娟的精品，在国内外反复锤炼了数百场，已成为长期流传的武旦保留剧目。当代的武旦演员基本上都会这出戏，当然，随着时代进步，许多年轻演员在出手难度和新颖方面，确实超过了张美娟。但在舞台气质，人物深度，节奏层次方面，至今尚未见有人演此戏达到她这样的境界。或许，有些老观众还怀念老《泗州城》，认为改编本没有了"耍鞭"和被擒时的扑跌技巧。其实这并无大碍，把它们看作两出不同的武旦戏也就释然了。

3.《打瓜招亲》

这是一出张美娟常演的得意作品，也是根据传统折子戏《打瓜园》改编的。这出戏原是以武丑为主的武打戏，叶盛章、张春华均以此剧作为自己的拿手剧目，并有相当出色的技艺发挥。该剧的第二主角原为武净应工，陶三春仅是个配角，也没什么可以发挥的地方。张美娟的修改本把这出戏改为陶三春是第一主角，这样剧本的结构必须要做本质性的变动。首先，新的修改本将这出小戏放大了，头场加了个赵匡胤、郑子明过场，将他们的身份做了简介。第二场是张美娟精心设计的重头戏。陶三春出场有一段十分精彩的"趟马"，全部舞蹈动作都是她自己设计编排，不但非常舒展、漂亮，而且难度很大，需要有相当扎实的腰腿功。她的学生史依弘回忆起张美娟教她这场戏的经历时，很动情地说："这段趟马是张老师独创，太漂亮了，也太难了，我跟她单

张美娟《打瓜招亲》剧照

学这一场就足足练了一个月。”接着是陶三春带着五个丫环游春，展现了张美娟的文戏功底，下场时一段流水唱得流畅、动人，既表现了陶三春少女的纯真，又展现了她出身绿林英雄家庭的侠女情怀。下一场“打瓜”是全剧的核心，原剧本把开打的重点放在陶洪与郑子明的对打上，而陶三春与郑的对棍只是简单的比划而已。而修改本则完全不同了，陶三春与郑子明的对棍打出很多套精彩的套路，在借鉴《打焦赞》对棍的基础上又有独特的创新，也是张美娟自己创编的。当该剧在北京演出时，文化部副部长齐燕铭对这组“棍套子”大加赞赏，并把该剧推荐给毛泽东主席观看。下一场陶洪与郑子明的对打基本保留原剧的精华部分，陈正柱和张佑福都演过陶洪，孙正琦和齐英奇都演过郑子明，他们均有出色的表演。最后一场“招亲”是精彩的压轴之作，洞房内又增加了一段徒手对打。新婚燕尔的夫妻少年气盛，互不服气，从瓜园打到洞房，不但打得精彩，而且把陶三春率真、好胜、烂漫的性格表现得淋漓尽致，全剧也增加了相当浓厚的喜剧气氛。另外，郑子明作为第二主角性格表现也丰富了很多，脸谱也由歪脸改为正脸。这出戏让观众感到，

张美娟《打瓜招亲》剧照

张美娟《打瓜招亲》剧照

张美娟不但武功扎实、出手精彩，而且善于表演、善于塑造人物，是一位技艺全面的艺术家。该剧在北京演出后，毛主席、周总理及政协、文化部有关领导都现场观看，反响很好。后来，著名戏剧家吴祖光先生在20世纪80年代创编了《三打陶三春》，由北京京剧院王玉珍主演，连满数百场。其中有些场次留有《打瓜招亲》的痕迹，也可反衬出该剧当年受欢迎的程度，遗憾的是它没有完整地保留下来。期待有人重新挖掘整理，使这出经典剧目能重现舞台。

4.《八仙过海》

《八仙过海》其实也是一出传统老戏，原名《蟠桃会》。剧情是说八仙赴蟠桃会归来，途经东海，韩湘子被东海鱼精抓获，八仙回天庭搬兵，共同擒住鱼精，救出韩湘子。旧剧的鱼精也是祸害人类的妖怪，该剧也属于降妖戏，是张美娟当年常演的拿手剧目之一。1956年，上海京剧院出访苏联，为了丰富剧目，武旦戏除了《盗仙草》、《虹桥赠珠》外，又改编整理了《蟠桃会》，并改名为《八仙过海》。重新编演这出戏在剧情上作了较大的改变，原来危害生灵的妖精猪婆龙改成了美丽的金鱼仙子。虽然背景也是八仙赴蟠桃会归来，但他们在过东海时卖弄法术，搅扰了金鱼仙子的宁静，仙子与他们论理，吕洞宾、曹国舅等出言不逊，引起了一番争斗，最后八仙战败，向仙子赔礼道歉。这样的更动，人物正反双方调了个儿，戏的演法当然也有了变更。张美娟的演出十分注重故事和人物的情理。八仙虽然恃强傲慢，但毕竟不是太大的错误，而且其中还有像张果老那样愿意息事宁人的老者。所以她演这出戏的开打决不像

张美娟《八仙过海》剧照

《虹桥赠珠》打得那么狠，而是打得很有分寸，仅仅是为了给八仙一个教训，让他们收敛狂气。虽然张美娟的出手已是赫赫有名，但她在这出戏中没有运用其擅长的出手技巧，但却又打得十分漂亮，是一出相当优美的舞蹈剧。她与八个仙人开打各自不同：对善良的张果老，她只是开玩笑地打；对身材怪异的铁拐李、汉钟离，她既对其缺陷打出要笑感，又保持着不敢大意的警觉，火候拿捏得非常好；对漂亮的何仙姑，一套剑舞打得相当优美；只有对出言不逊的吕洞宾、曹国舅，她才显出狠气，但打法却又有不同，曹国舅武艺不高，她显出了一种不屑，而对吕洞宾却是棋逢敌手，全力以赴地真打。这样的处理，不但打出了层次，打出了人物情感，而且把八仙之间的不同性格也体现在了舞台上。开始编排时，张美娟创编了一套枪挑八把剑的技巧动作、难度极高，在舞台上从未见过。经过一番刻苦练习，张美娟已练得非常成熟，挑剑的技巧运用自如，同事们看了交口赞绝。后来，正式演出时，有人提出：八仙各有自己的法宝，为什么都要用剑呢？这样的技巧是否脱离剧情？张美娟认为说得有理，就把苦练成的绝活忍痛割爱了，技巧服从剧情、服从人物，这是她一生恪守的舞台准则。新编的《八仙过海》演出非常成功，在国内外均有很好的反响。整出戏短小精悍，紧凑耐看，表演得十分成功。当然还值得提一提几个傍角：贺梦梨的吕洞宾、王岭森的铁拐李、陈正柱的张果老都演得很出色到位，使这出小戏成了久演不衰的保留剧目。后来全国各个剧团纷纷来学这出戏，包括四川的川剧、湖北的汉剧、湖南的湘剧都学习了张美娟新版本的《八仙过海》。

张美娟《八仙过海》剧照

当然，这出戏还有很多种演法，除张美娟版本外，大致还有两种不同演法。一种是以当年中国戏校实验京剧团苏稚、李光为代表，其开打场面十分火爆，出手繁多，是当年年轻演员展示高难武工技巧的大武打戏。张美娟的学生辈的齐淑芳、方小亚等虽然基本用张的版本，但为了强调舞台气氛，也增加了一些出手。另一种是以当年河北京剧团肖月珠、祝元昆为代表的版本，加上了许多文场子，生、旦均有大段演唱，是一出刀马旦与文武老生的对儿戏，共需演一个多小时。现在的李静文、王平基本上遵循这种演法。不可否认，这几种版本均有其各自的生命力和优点，但就笔者个人审美感受来说，还是喜欢张美娟的演法，对另两种演法觉得前者过于生猛，后者又稍嫌拖沓。

5.《挡马》

《挡马》是一出很有特色的精悍小戏，源出《缀白裘》乱弹《挡马》，有些地方剧种有此剧演出。中国京剧院在1954年改编为京剧本，徐玉川首演于北京。南方昆剧名旦方传芸根据扬剧《八姐打店》改变为昆曲本。

张美娟与孙正阳合作《挡马》

上海京剧院李玉茹、孙正阳先向方传芸学了这出戏，戏里的杨八姐主要是花旦和刀马旦应工，没有很多武打和高难度的椅子功技巧。有一次，中央首长点了上海京剧院的《挡马》到怀仁堂演出，正好李玉茹不在北京，张美娟临时替代顶了上去，不料演出效果很好，于是这出戏就成了她常演的代表作了。张美娟的演出以方本为基础，根据自己武功出色的特点，加上了许多武技。特别是杨八姐和焦光普环绕椅子的打斗，设计相当巧妙，打得十分精彩，完全紧扣剧情，也是京剧武旦戏中独一无二的新技巧。老艺术家孙正阳先生回忆起当年这段戏的设计和排练时，至今感慨万分，这里确实凝结着他们的心血和汗水。张美娟按照自己的理解和创新，把这样一出新编的小戏流传至今，而且久演不衰。对比一下现在花巨资编演的大型新京剧，排一出，丢一出，确实令人感慨。

这出戏剧情描写杨八姐奉命女扮男装去番邦探听敌情，回宋途中与流落他乡的宋将焦光普引起一场误会。剧情虽然简单，但“戏眼”很多，演员是否表演到位，剧场效果相差甚大。该剧的表演大致分几个环节，第一是杨八姐的“趟马”，张美娟表演时重点突出了“美”，她没有强调在舞蹈中加上一些高难动作，简单的“鹞子翻身”、“踢腿”、“掏翎”，处处体现出分寸感，一曲《醉花阴》唱得字字入耳，整场“趟马”不但突出了舞蹈的整体美，而且还体现了杨八姐将门虎女的高雅气质和完成任务回营复命的喜悦心情。现在有些年轻武旦的“趟马”，表演得很冲，但气质不到位，身上脚下都显得乱，格调明显欠缺。第二个环节是遇到焦光普后的文场子，这里需要突出的是似松实紧，处处“入戏”，而不能认为这是一个过场，仅为后半节精彩的武打做准备，这样就会把戏演松。因为杨八姐此时突遇变故，必然十分警惕，既要注意自己女扮男装的身份，又要尽量避免多纠缠。张美娟这段演得相当紧凑，“拦马”的武技表演，进店后的对白，“观画”时的边舞边唱，她的表演丝毫没有懈怠，而是紧扣戏情，将人物情感又推进了一步。最后是全局的重点段武打场子，她不但有许多武打的特技创新，而且打得美、打得俏，武打拿捏的分寸体现了演员对人物理解的深度。杨八姐是个聪明精细的人，这时，她并没有完全把焦光普当作敌人，而是在边打边试探，这样“断断续续”留有余地的打才能打出情节，打出许多有特色的技巧来。有些演员在这场中用“斗狠”的方式打，结果演成杨八姐的真打，却打不赢焦光普的假打，无形中损害了人物的形象。而张美娟的武打精彩、完美，处处体现人物情感，体现了她深厚的“武戏文唱”功力，也使《挡马》这出小戏成了武旦剧目中久演不衰的精品。孙正阳在回忆中还提起，这出戏虽然已经相当成熟，但张美娟仍坚持不懈地要求对它进一步完善。她认为这出戏基本曲调是昆曲，应当把它改为京剧唱腔，一定会更好看。于是，她设计了许多唱腔和表演，第一场“趟马”改唱“唢呐二黄”，进店后观画唱“西皮二六”，焦光普也有“四平调”的演唱。另外，杨八姐改穿厚底靴，武蹈技巧难度明显增加，当然，舞台表演精彩程度也随之增加。这一个版本，张美娟没有亲自实践，后来齐淑芳曾在共舞台公演了京剧版本的《挡马》，反响很好。但这样的演法对演员要求太高，不但要有非常扎实的武功底子，而且要有一副好嗓子和深厚的文戏基础，这样的要求绝大多数武旦演员都达不到，所以，这个版本没有得到流传。现在舞台演出的《挡马》，唱念基本上遵循昆曲的路子，但增加了许多新的高难特技，杨八姐也穿上了厚底靴，既增大了难度，也贴近了戏情，青年武旦演员们演得更火爆、更出彩，但能达到张美娟这样华美、细腻、无一处败笔的程度却是极少见。

五、武旦艺术精品

20世纪60年代初，张美娟的艺术已达到了个人的顶峰期，几乎所有的武旦戏，她无不能演，对许多经典作品，她都有自己独到的演法，在武旦行当中已自成一家，唯一不足的是她还没有自己编演并得以流传的独门看家戏。

1959年，上海组织演出团到福建去慰问演出，张美娟发现当地有个民间传说《凤凰树》，故事非常动人。传说有个鹭鹚岛，岛上有许多鹭鹚鸟，非常温柔勤劳，后来该岛被恶雕所占，鹭鹚鸟拼死相争，与恶雕搏斗，牺牲后变成了凤凰树，给老百姓避暑遮荫。张美娟很想把这个民间故事改编成京剧，她马上与编剧张丙昆商量剧本，很快写出了第一稿，初定名

1961年演出《火凤凰》，张美娟饰白鹭（中）

为《百鸟朝凤》。接着，她又与导演张鸣义编排开打，与服装师幸熙研究扮相。不久，在各方面共同努力下，张美娟的独创作品《火凤凰》诞生了。1961年春，上海天蟾舞台贴出了这样一场戏报：王正屏《张飞审西瓜》，李桐森、许美玲《百草堂》，张美娟《火凤凰》。这三出都是新创编的古装戏，张的《火凤凰》列大轴。这是该剧的首次公演，之后好评如潮，得到了京剧界和广大观众的一致公认，兄弟院团纷纷前来学习、仿效，此剧成了张美娟武旦艺术的结晶品。

该剧的艺术魅力主要体现在武打方面，其中运用的武技可称为集武旦戏的大成。因为它是一出神话剧，正反双方都是飞鸟类的仙子和妖精，所以，服装设计、舞台形体造型都要有空中战斗的感觉，整个武打场面更加开阔、舒展，创造的空中托举出手正符合该剧的剧情。该剧的出手花样繁多，不但有虎跳踢枪、过包踢枪、背口袋踢枪、前后空翻踢枪等许多高难技巧，而且根据剧情还创造了新颖的出手形式。空中托举踢枪在武旦传统戏中很少见，而该剧为了表现空战的激烈，大量运用了各种形式的空中踢枪，给演员们增加了表演的难度，给观众们增加了新的艺术享受；三人左右踢七杆枪也是该剧的新创造，一般武旦戏中“三人忙”多用六杆枪，但此剧需要一杆枪始终在空中飞，就大胆应用了这样的高难度创新；上下左右翻飞的“下饺子踢枪”更是一个技巧性极强的创新动作，这种踢法手脚并用，要求演员有超强的反应和严丝合缝的搭配，难度极大，观赏性也非常强。该剧在舞蹈编排及形体动作上也有创新，借鉴了许多舞蹈动作，腰腿打开幅度很大，形体也更加舒展。这里蕴含着张美娟一个新的理念，她始终认为京剧形体美应当摆脱传统观念的束缚，应该向舞蹈和体操学习一些训练和表演的新内容，这为她以后在“五七京训班”中京剧武技革新作了一定的预先铺垫，也为京剧武旦艺术增添了新的时代元素。《火凤凰》中另一武打新特色是长绸开打，这也是以往武旦戏中未见的技巧。当小白鹭经烈火锤炼变成凤凰后，功力大增，用长绸作兵器把恶雕们打得落花流水。这时的长绸舞不同于《天女散花》中的绸舞，因为这是武器，所以要舞得快、飞得狠，不但要有桃花、雁飞、前后左右耍舞，而且要扫射、劈打。随着火凤凰的红绸满台飞舞，恶雕们窜毛、小翻、左右扑虎，现出一片狼狈逃窜的境地，把全剧推向高潮，每当此时，观众们必报以雷鸣般的掌声。

这出戏凝聚了张美娟的毕生心血，她和她的搭档张鸣义、贺梦梨、孙正琦等根据福建民间传说《凤凰树》，成功创作了这出武旦精品剧目，久演不衰，成了延传至今的保留剧目。这就充分说明了该剧的艺术生命力和张美娟自身深厚的艺术素养。任何一个艺术家，他所创作的剧目成功率是其艺术素养标志之一，新剧目成功与否的唯一检验标准是看其能否得以流传。马连良的《赵氏孤儿》、李少春的《野猪林》、张君秋的《状元媒》等剧则是典型的成功范例，而张美娟的《火凤凰》也同样是一出能长期流传的新编武旦戏。后来的齐淑芳、方小亚、艾金梅、史敏等均擅演此剧，且经不断打磨、创新，使该剧呈现出常演常新的面貌，长久留在了京剧舞台上。

张美娟另一重大艺术成果是创演了以武旦为主角的连台本戏——

《宏碧缘》。20世纪60年代初，京剧连台本戏风靡上海滩，以著名南派文武老生王少楼领衔的新华京剧团在共舞台长年演出连台本戏《封神榜》、《义侠江湖》等剧，卖座相当好。上海京剧院创演的《七侠五义》更是连演连满，形成了京剧界一道新的风景线。说起连台本戏，原是上海海派京剧的特有产品，它以情节曲折、布景奇特、角色众多而深受多数普通观众欢迎。旧上海演过许多连台本戏，小达子的《狸猫换太子》，李如春的《包公》成了建国前票房最好的戏。新中国成立后，京剧界不少人认为：连台本戏情节荒诞，剧本低俗，艺术价值不高，不应当提倡。虽然没有禁演，但兴旺程度大幅度衰减。其实在新中国成立后，国营剧团演员阵容相当坚强，而且编导人员素质逐步提高，正是编写高质量连台本戏的好时机。上海京剧院编演的《七侠五义》开创了一个好先例，实际效果极佳，上海京剧院再接再厉，随后又推出了张美娟主演的连台本戏《宏碧缘》。

《宏碧缘》取材于小说《绿牡丹全传》，旧上海许多名角都编演过该剧。自名武生李吉瑞起，李桂春、露兰春、白玉昆等均演出过以骆宏勋、花碧莲姻缘为主线的不同的脚本，但多数都是以骆宏勋为第一主角。上海京剧院的改编本由马科、余雍和、罗通明集体创作，删去了旧剧本的大量枝蔓，以花碧莲为主角，上集从四望亭卖艺花碧莲与骆宏勋相遇起，后与栾一万发生冲突，于是双方在扬州设擂比武较量，骆宏勋被朱彪用朱砂掌打伤，花碧莲冒险入四杰村，将丹药盗出，自己失机被擒。整个故事情节曲折、环环相扣，每个演员都有发挥的场合，是一出非常有看点的本戏。该剧的下集当时也已编排，情节更加引人入胜，但因故未能公演，直到20世纪80年代才正式公演，改由齐淑芳接替花碧

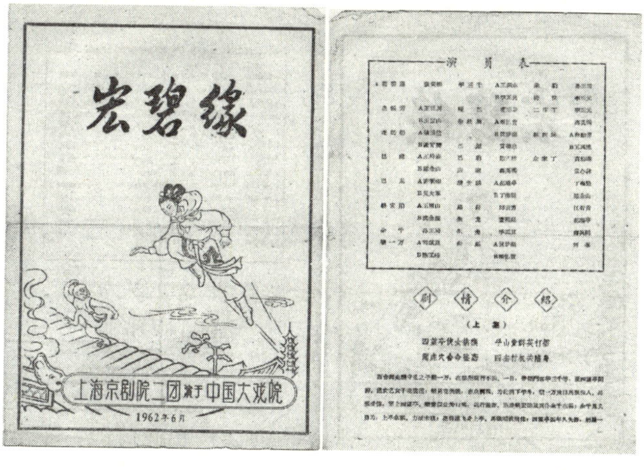

1962年《宏碧缘》戏单

1962年张美娟与刘斌昆合作《宏碧缘》

莲这个角色。

该剧于1962年6月18日在中国大戏院首演，盛况空前，观众十分踊跃。该剧继《七侠五义》后再次轰动沪上，连演数月，一票难求。这是一出体现张美娟艺术总体水平的大戏，而且是唯一以武旦为主角，并得以流传的连台本戏（白玉艳的《荒江女侠》遗憾的是未能精加工并流传）。改革开放后，齐淑芳、王玉珍等复排重演，再度震动剧坛。直到21世纪，侯丹梅、奚中路再度演出，虽然京剧已趋滑坡之势，整体艺术质量也稍逊于前，但仍好评连连、观者甚众，足见该剧的影响力以及观众们对张美娟的怀念。遗憾的是张美娟的《宏碧缘》现在已找不到任何留下的影像资料，笔者无法对她的表演作细致的评述，只能根据当年观剧的印象作些回忆。

作为一出剧情曲折、完整的本戏，主角花碧莲已经不完全是武旦的本工，不但有很多的花旦表演，甚至还有青衣色彩的场次，张美娟在该剧中充分发挥了她文武皆能的艺术特色。虽然当时她嗓音条件已大不如前，承担大段演唱有一定的困难，但她的念白和表演仍十分出色。在四望亭遇见骆宏勋时爱慕情感的流露和当得知花骆两家旧事使姻缘破裂的哀伤，表现这些复杂情绪需要有很强的文戏功力，而她却演得感情充沛，极具表现力。当然她的强项武打在该剧中也发挥得淋漓尽致，最后一场“四杰村盗药”中的开打、出手精彩绝伦，体现了大武旦的风范。这里有篇报道，记录当时该剧在苏北演出的盛况：

《宏碧缘》剧照

《宏碧缘》剧照

1962年春夏之际，上海京剧院二团送戏下乡，组织了强大的演出阵容。在掘港如东大会堂演出的第一天，是童祥苓的开锣《东郭先生》，沈金波的压轴《徐策跑城》，大轴是张美娟的《虹桥赠珠》。……第二天是童芷苓、刘斌昆的《玉堂春》。第三天是头本

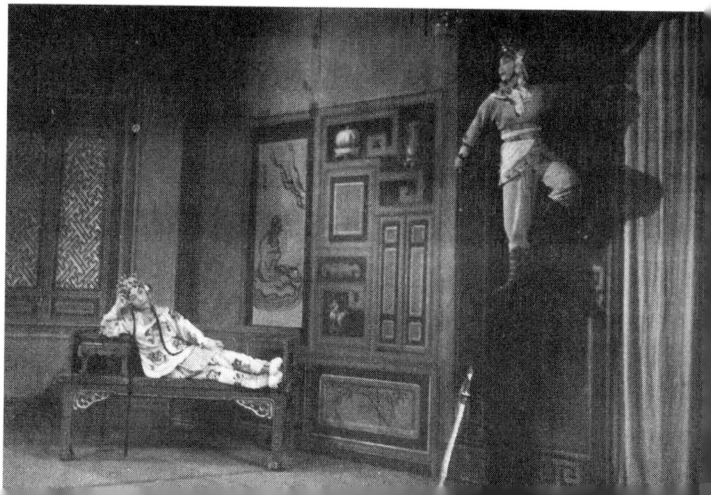

《宏碧缘》剧照

《宏碧缘》，票价仅售八角。……张美娟在头本《宏碧缘》中饰演花碧莲，花碧莲的表演和《虹桥赠珠》的凌波仙子又不同，虽同为武旦应功，但是前者为人，后者为神。人身不同，在表演、武打上也务求不同。她在《宏碧缘》中的打出手显得迅速、稳健、风格清新。……头本《宏碧缘》演出后，形成了欲罢不能的盛况。如东思四乡八镇的乡民、渔民，邻县的观众扶老携幼赶来看花碧莲。如东大会堂门前的广场上，每天自行车、大卡车停得满满当当，水泄不通。当地的旅馆、饭店更是人满为患，有好多外地人，不得不借住已常年不往来的亲友家，饭店每天也得坚持到深夜，散戏后始可打烊。……头本《宏碧缘》连续演出了十五天，每天日夜两场，黑市票价每张高达三元，在乡间县城一出戏能连续演出如此多的场次，也可称是空前绝后的了。

另外值得一提的是当年合作的演员，沈金波的骆宏勋、刘斌昆的栾一万、赵文奎的花振芳、贺梦梨的朱彪，均相当出色，正是因为红花绿叶相得益彰，才使该剧影响深远，成为连台本戏中难得的精品，也成为全面体现张美娟艺术才能的代表作。

六、誉满海内外

张美娟艺术生涯的一个重要部分是赴国外演出，她在20世纪五六十年代一共出国六次，先后顺序为：1953年参加赴朝鲜慰问团，1954年随中国文化代表团访印度、缅甸，1955年出访印度尼西亚，1957年随上海京剧院访问苏联，1958年参加文化部组织的戏曲歌舞团出访欧洲七国（法国、比利时、卢森堡、英国、捷克、波兰、瑞士），1964年随中国艺术团出访欧洲六国（法国、西德、瑞士、意大利、比利时、荷兰）。那时，中国的国门还没有开放，出国演出是一件罕见的重大事件，各级政府部门极度重视，像张美娟这样能频繁地出访的演员只是凤毛麟角，说明她已经是得到国家认可的中国京剧艺术的代表人物。确实，但就武旦行当来说，她就是全国公认首席代表的不二人选。

在出访活动中，她不但获得了各类奖项荣誉，更重要的是把《虹桥赠珠》、《火凤凰》、《盗仙草》、《八仙过海》、《挡马》等武旦经典名剧传到了国外，起到了普及中国传统文化的“文化大使”作用。出国的演出与在国内的演出有一定程度的不同，不但在表演上要更突出舞和打，而且在剧本尚需作进一步的浓缩、精练。这项工作并不是一件简单的易事，删减的分寸体现了演员对该剧目和艺术表演本身的理解力及认知程度。张美娟做得非常成功，经她定型的剧目海外版本都经得起推敲，说明了她完全吃透了这些剧目的艺术内涵。随之，她的声誉和知名度也从国内延伸到了国外，为京剧武旦艺术留下了不朽的篇章。

1957年随团访问苏联，右二为张美娟

1957年随团访问苏联，后排左三为张美娟

张美娟第一次出国是参加慰问志愿军文艺演出代表团。这次出国，既不是含有荣誉成分的褒奖，也不是展示个人艺术国际舞台的表演，而是一个文艺战士应尽的光荣义务。赴朝演出的活动是响应政府号召，因为

1964年访欧期间合影。左起：齐英才、杜近芳、张美娟

朝鲜当时正处战争时期，各方面的条件都非常艰苦，是否愿意积极报名赴朝在那时是作为衡量艺人政治觉悟的一个重要标准。张美娟是个积极向上的进步青年，理所当然地第一批报了名，也顺利地获得了有关部门的批准，参加赴朝慰问演出团，分在京剧队第三组。与她一起去的单位同事有：林鹏程、陆玉兰、陆振生、孙瑞春等，具体任务由慰问团团部安排，演员们不但要演好自己的戏，还要干好台上台下的各项零碎活。那时环境的困难是现在的人难以想象的，演员们不但要忍受冰天雪地户外演出的艰苦，饮食、住宿的条件都非常差，像梅兰芳这样的艺术大师都只能睡地铺，其他艺员就更不用说了。张美娟从小吃苦吃惯了，对困难有着很强的忍耐力，就在这样艰难的条件下，她台上认真演出，台下主动干着自己分外的后勤工作，得到了大家的一致好评。她所在演出组的组长林鹏程在鉴定中这样写道："该同志工作积极，进步非常显著，思想单纯、踏实。"这是她第一次得到组织的正式评语，也是她首次出国所得的应有肯定。

第二次出国是张美娟一生中重大的转折事件，使她的艺术影响力开始向全国以至世界扩散，知名度由此大增。1954年，正值亚非万隆会议召开的前一年，我国同亚洲睦邻国家的关系相处得非常友好。在这样的背景下，我国政府决定派一个综合艺术代表团出访印度、缅甸，这也是我国

1954年随团访问印度，右二为张美娟

1954年随团访问缅甸，右二为张美娟

京剧界第一次赴国外演出，中央非常重视此事，周恩来总理亲自负责组团和节目审定。这个代表团包括了京剧、音乐、舞蹈等艺术品种，参加的人员不但要符合严格的政治条件，业务上也必须是本行的一流艺术家。为了引起国外的观众对京剧的兴趣，京剧剧目必须挑选武戏和重表演的剧目，所以，武生、武旦、武丑、花旦等行当则是这支队伍的主力军。中国京剧院的武生首席"猴王"李少春自然以京剧界第一人入选，武丑翘楚叶盛章当然也是不二人选，另外，中国京剧院的名家袁世海、李和曾、黄玉华等均在其列，但武旦人选在北京确实没有合适者。男武旦名家李金鸿、班世超均因性别原因不太理想，这时，周总理想起了张美娟，于是，文化部决定调她进京参加审查演出。当时张美娟所在的华东京剧团领导吴石坚十分重视此事，他调集了演出小组的全体人员，精心加工了非常适合出国演出的小型武旦戏《盗仙草》，加快了武打的节奏，增加了张美娟最擅长的出手绝技。赴京审查演出安排在国务院小礼堂，周恩来、陈毅、蔡畅等中央领导和即将组成的代表团正副团长均出席观看，《盗仙草》一剧演得非常成功，得到了一致称赞，顺利地通过了审查。演出后，周总理在紫光阁接见了张美娟和她的四个下手（孙正琦、齐英才、贺梦梨、王岭森），并提出：为了保证《盗仙草》演出质量，这四位同志也应随行出访。这样，一个60余人的"中国文化代表团"组成了，团长是文化部副部长郑振铎，

访问缅甸时合影，右三为张美娟

访问缅甸时合影，前排左四为张美娟

副团长是上海市统战部部长周而复，音乐舞蹈界有戴爱莲、舒巧、卫仲乐、周碧珍等名家，京剧界主要演员有李少春、叶盛章、袁世海、李和曾、黄玉华、张美娟等，张美娟第一次进入了全国一流京剧名家的行列。

在印度和缅甸的演出非常成功，印度总理尼赫鲁、总统普拉沙德和缅甸总理吴努观看了演出，并给予高度的评价。所到的城市有：新德里、孟买、加尔各答、马德拉斯（印度）和仰光、毛淡棉、勃生等地。每到一地，都受到观众的热烈欢迎。为了扩大观众面，剧团还在露天广场演了好几场，观众坐得水泄不通，有些人还爬到树上去观看，京剧艺术在异国他乡产生了轰动效应，张美娟更是得到了殊荣，意外地获得了吴努总理亲自颁发的金质奖章。在仰光演出时，吴努观看演出后接见了中国文化代表团，并提出了要颁发三枚金质奖章给优秀艺员。说实在的，参加演出的所有主演几乎都身怀绝技，郑振铎团长只好请吴努总理按他自己的意愿颁发。张美娟惊喜地获得了第一枚奖章，另外两枚奖章分别由“猴王”李少春和青年演奏家任同祥获得，他们精彩绝伦的技艺征服了国际友人。在印度演出时，张美娟和她的同事们为了增添剧目，又抽空编排了只用十个演员的简编本《泗州城》，除了华东京剧团五个基本人员外，又借用了中国京剧院周瑛鹏、吴鸣申、谷春章、钮凤华、赵鸣复五个武生、武丑演员，其中好几个都是小有名望的主演，但他们都甘愿为张美娟打下手，其中除了有看重国家荣誉的高尚艺德外，还确实为张美娟的高超艺技所折服。这个版本的《泗州城》还为今后《虹桥赠珠》的创演打下了很好的基础。

在印度、缅甸的访问演出持续了三个月左右，代表团出访结束回国后，又接到上级的通知，要求全团人员不要解散，原班人马6月出访印度尼西亚。该团于7月1日在雅加达总统府国家宫首场演出，苏加诺总统出席观看并接见了中国代表团，而且还饶有兴趣地和主要演员们谈论京剧演技问题。而后，在文化剧院和独立广场的演出场面更是热烈，观众多达五万多人。在印尼的演出效果也同样轰动，中国京剧被称为“和平文化使者”把传统文明和友谊带给了参加亚非会议的各个国家。通过这两次出访演出，张美娟对党的感情又加深了一层，对政府的信任度几乎达到崇拜的程度。她在出访小结中写道：“我认识到祖国的伟大，毛主席的英明。”她对印度尼西亚经历的政治变革这样说：“再说他们的政治，真叫我们生为自由民主国家的人民怪好笑，又怪可怜他们。……比如我们这次去，正赶上他们内部闹纠纷，一个内阁竟不能解决陆军参谋长的问题，因此而被推翻了。”这些话语虽然朴素而又有些幼稚，但确实是真诚的。

1956年，张美娟婚后不久，为了使刚怀上的孩子顺利出生，夫妇俩打算暂时减少练功。同年7月上海京剧院接到文化部通知，要求他们组团于当年秋天出访苏联。这是上海京剧院建院以来最重要的一件事，全院上下很快被动员起来，周信芳院长、吴石坚书记亲自挂帅，确定出国剧目、人员，集中训练、排戏，准备9月赴北京彩排，接受中央审查。张美娟当然是这次出国的主力队员，而且，还要增加《八仙过海》、《挡马》两出新排的戏，任务十分繁重，这样，歇工的计划显然是不能实施了。她在公私关系处理上从来毫不含糊，毅然选择了以国事为重去做流产，并承受了来自公婆二老的压力，全身心地投入了排练。这次出访，已不是张美娟小组孤军作战了，上海京剧院派出了坚强的阵容和精心挑选的剧目，有周信芳的《打渔杀家》、《十五贯》、《徐策跑城》、《追韩信》，李玉茹的《贵妃醉酒》、《拾玉镯》、《秋江》，王金璐的《挑滑车》、《雁荡山》和张美娟的《盗仙草》、《泗州城》、《八仙过海》、《挡马》等连台好戏。1956年10月28日，上海京剧院访苏演出团以周信芳为团长、伊兵为副团长、吴石坚为秘书长，一行72人离开北京前往

20世纪60年代齐家全家福，后排中为张美娟

莫斯科，受到了苏联文化部的热烈欢迎。第三天，在苏联文化部招待会后，举行了首场演出，剧目为：王金璐、贺永华《雁荡山》，李玉茹《贵妃醉酒》，张美娟《盗仙草》，周信芳、赵晓岚《打渔杀家》，演出取得了很大的成功。接着在莫斯科演出了11场，场场爆满，赫鲁晓夫、马林科夫、莫洛托夫等高级领导都观看了演出。在演出中，不但武戏受到预期的欢迎，连《十五贯》这样有复杂情节的大文戏也深得好评，说明外国观众对京剧艺术接受力也在不断增强。随后，演出团巡回辗转，历经列宁格勒、爱沙尼亚、立陶宛、拉脱维亚、白俄罗斯和乌克兰等地，取得了出访的圆满成功。

张美娟第五次出国是在1958年，文化部组织戏曲歌舞团出访欧洲七国。这次去国外演出与以往有本质的不同，前几次出国去的是社会主义国家和人民民主国家（那时候的提法），这次是要去资本主义国家（当时的理念认为：社会主义和资本主义是水火不相容的两大阵营)，就是说，出访演出并不是到朋友家去做客，而是到敌人营垒去做外交工作。所以，带队的团长也不是文艺界人士，而是北京市副市长吴晗，组团人员的政治审查相对也更严一些。当然，这对张美娟来说并没有什么两样，她始终遵循一个原则：服从领导演好戏。这次是一次商业性综合文艺演出，舞蹈演员人数众多，京昆剧主要演员有：俞振飞、言慧珠、李玉茹、王鸣仲、王泉奎、张美娟、沈金波、孙正阳等。演出团第一站先到法国巴黎，首场在巴黎萨拉·伯纳尔大剧院公演，开幕序曲是大型舞蹈《龙舞》，接下来是李玉茹、孙正阳《拾玉镯》，第三出是王鸣仲《闹天宫》，然后是舞蹈《孔雀舞》，压轴是俞振飞、言慧珠《百花赠剑》，大轴是张美娟《虹桥赠珠》。演出反响极好，当地媒体一致称赞："中国的艺术家征服了巴黎。"可见艺术是不分国界的，更不论什么社会主义还是资本主义。这次张美娟已把《泗州城》正式改编为《虹桥赠珠》，并成为广泛流传的武旦经典剧目。演出团历时六个月，访问了法国、比利时、卢森堡、英国、捷克、波兰、瑞士七个国家，24个城市，演出共102场，观众达十万以上，演出大获成功。回国后，中央领导毛泽东、刘少奇、周恩来、朱德等在中南海接见了演出团，张美娟被安排坐在毛主席旁边，与毛主席近距离地亲切交谈，这是她一生从未有过的无上殊荣。

张美娟《金山寺》剧照

1958年随团访问欧洲时留影，后排左四为张美娟

1964年1月，新中国与法国正式建立外交关系，这是我国外交战线一次重大突破，为此，中央决定再次派一个综合艺术团访问法国及欧洲其他国家。组团的工作由上海、北京两地共同承担，上海市副市长金仲华为团长，劳辛、刘西林为副团长。除音乐、舞蹈方面的演员外，京剧方面的有杜近芳、王鸣仲（中国京剧院）、张美娟、孙正阳、童祥苓、齐淑芳、杨春霞（上海京剧院）等主要演员。演出的剧目有：《白蛇传》、《秋江》、《拾玉镯》、《闹天宫》、《雁荡山》、《虹桥赠珠》、《挡马》、《三战张月娥》、《三岔口》、《柜中缘》，还有张美娟新创编的《火凤凰》，这也是在国外最受欢迎的剧目之一。这次出访是历时最长的一次，另外与以往的不同点是：我国当时与苏联的关系非常紧张，在意大利演出时，又恰好与苏联马戏团"打对台"，这使演出带上了政治色彩，表演是否成功关系到"反修"的大事，幸好，中国艺术团发挥极佳，张美娟的《火凤凰》更是把演出推向高潮，他们不但很好完成了文化交流任务，还出色地完成了与其相关的政治任务。这次组团是由中国京剧院和上海京剧院两大院团的合作，和谐地处理好彼此的关系是圆满完成演出任务的保证，特别是在台上的相互配合，丝毫不能有半点差错。张美娟和杜近芳两位台柱都能首先考虑演出质量，处处以大局为重，克服了不同剧团演员在台上配合不够默契的缺陷，使整个演出越演越好。这里也可看出张美娟不但艺技高超，艺德也很高尚，而且还有能够服众的领导气质。这次欧洲巡回演出，经历法国、西德、瑞士、意大利、比利时、荷兰六个国家，22个城市，历时174天，演出共113场，所到之处，掌声、

1964年访欧期间与杜近芳、孙正琦合影

1964年访欧期间与杜近芳合影

鲜花不绝，同年7月顺利结束访问演出，中国艺术团返回祖国。

张美娟六次出国访问演出对她的人生和艺术发展都具有重大影响，主要表现在艺术影响扩大和自身素养提高这两个方面。首先，通过这一系列的外事活动，张美娟进入了中央领导人的视野，并且得到了他们的关注和重视。与此同时，各级领导纷纷为她的艺术发展提供了许多有利条件，使她艺术水平和境界提高有了关键性的保障。在当时我国现行的体制下，领导的关心和帮助是任何个人事业顺利发展的必要保证，也是取得成功第一位的有效资源。文艺领域也毫无例外，“观众是演员的衣食父母”这句话已不再是事实，不少天才演员因不被领导重视而遭到埋没的例子已是为数不少了。张美娟在这方面是幸运的，当然她也从来没有因为自己被最高领导称赞过而洋洋得意、居功自傲，这更博得了基层领导的好感和同事们的尊敬，使她在人际关系处理上接近了满分，也使她在事业发展的道路上很少出现各种负面的干扰。其次，通过在国外的访问演出，张美娟的知名度在圈内外均成倍增加，已跻身全国一流演员行列。她原是一个江南小武旦，进了华东京剧团后也只是在南方江浙一带有些影响。自从第一次出国前《盗仙草》进京审查演出后，北京京剧界名家们纷纷称赞，张美娟的才艺有了大范围展示的机会。特别是几次出访后，她的名声已誉满海内外，被公认为全国女武旦第一人。以后，凡是国家有什么重大的庆典和接待活动，都要调张美娟去演出。例如，国庆十周年的庆祝活动，推出一个新剧目，500个演员的《大闹龙宫》，李少春、张美娟主演，台上有50杆枪的大打出手，她扮演龙女居中开打。这样，她在同行中的影响力也日趋增大，在北京，一些刚毕业潜质很好的小武旦刘琪、郭锦华、李丽等都争着要求向她学习。

张美娟学习印度舞

张美娟学习印度舞

艺术影响力的扩大是张美娟出访活动产生的社会效应，自身艺术素养的提高也是她因此而得到的另一重大收获。出国演出的剧目质量要求很严，剧本必须经过修改，台上的场次也要经过重新编排，要求主题突出、精彩场次突出、剪枝去蔓，尽量减少演艺人员。这样的加工整理，使来自民间文化的作品提升为体现国家文化的精品。客观地说，这些经改编的出国剧目，剔除一些因政治因素牵强改动的细节外，基本上是成功的，大多数尚能流传至今也体现了它的艺术生命力。张美娟经历了这一剧目更新的全过程，提高了她对京剧艺术整体的理解水平，加深了她对人物和表演等方面的内在挖掘，在与较高文化层次的人员接触中提升了自己的知识素养，同时，也孕育了她对京剧革新的思想萌芽。另外，出国访问使她开阔了眼界，了解了许多自己从未见过的艺术形式，如印度的民族舞蹈、西方的芭蕾等。她很能接受新事物，非常有兴趣地了解甚至学习这些艺术，她学的印度舞蹈在北京还正式演出过，还和舞蹈名家舒巧共同编排过《弓舞》。因为她对舞蹈艺术有了较深入的了解和实践，对京剧的形体美就有了更深的解读，经常想着如何把其中合理的元素移植到京剧中来，这为她今后的艺术创新提供了新的营养源泉。还有一点收获是她人际交往的能力有所增强。张美娟原是个非常本分的演员，她从小养成这样的习惯，在家听养父的，在单位听领导的，自己只要演好戏就行。组团出国并成名后情况就不同了，她要面对各种不同的人群，上要接触各级领导，直至中央领导；中要和谐地与同行、同事们相处；下要辅导一些向她学习的学生们。任何一个环节处理不当就会给自己的处境带来一定的负面影响。张美娟总是遵循这样的原则：以身作则，与人为善，自己各个方面一定要做得好，对别人要尽量宽容。当然，她也逐渐积累了一些与人相处的经验，懂得了处理具体关系的重要性。正是因为这一点，她得到了上下的一致好评，同时也使她艺德方面的影响力随之扩大，凡与她接触过的人们，无不称赞她的为人。

七、新一代女武旦代表

张美娟在20世纪60年代已成为京剧新一代女武旦的代表，这一形成有它的历史渊源和艺术渊源，为此笔者在此简述一下武旦行当的发展史。

京剧武旦仅是旦行中的一个分支，它表现从事武事的女子以及女神和女妖，而且主要是不具有显赫大将身份的女性人物。中国古代有许多历史故事和神话故事描述了从事武事的女性人物，如《水浒》中的扈三娘、孙二娘，《杨家将》中的杨排风，《白蛇传》中的白娘子等，自然在戏曲舞台上也必定会有相应的表演，当这类人物拥有一定的剧目数量后，就形成了武旦这一行当。既然所表现的人物是有武艺的女子，那么主要的艺

张美娟《穆柯寨》剧照

术表现形式当然应该是打，这样，“开打”、“打出手”及其他各种武功技巧的表演是武旦演员必须掌握的艺术手段，运用这些武技的艺术质量则是评判武旦演员艺术水平的主要标准。

自1840年京剧基本形成时，就有了武旦这一行当。《都门记略》中记载了当时北京七个有名的戏班主要演员中，仅有“新兴金钰班”有武旦演员库儿一名。有艺术文字记载的武旦演员最早大概是胡喜禄（主要是旦角演员兼演武旦）、龚翠兰等，均擅长“打出手”、“踩跷”等。最早的著名武旦演员是朱文英，他生于1860年，卒于1928年。他先后在四喜、三庆、小丹桂等班演出，是名武生俞菊笙的绝佳搭档，常为俞配演《水帘洞》的龙母、《五花洞》的蛇精、《青石山》的九尾狐等角色，还有《青龙棍》（杨排风）、《蔡家庄》（蔡芙蓉）两出拿手戏。他的艺术特色讲究矫健、勇猛，这也是为勇猛武生俞菊笙配戏的需要，基本上以短打戏为主，很少扎靠。与朱同时期的著名武旦还有余玉琴，他生于1868年，卒于1939年，是花旦、武旦兼演的旦角演员。幼随父在南方演出，19岁到京，入四喜班，1891年入选内廷供奉。曾与谭鑫培、杨小楼等大师同台演出。他文武兼长、表演细腻，对后辈武旦的影响更大。擅长剧目有《演火棍》、《泗州城》、《取金陵》等。武旦演员中形成流派的是阎岚秋、朱桂芳这一代。阎岚秋（1882—1939），艺名九阵风，又名飞来凤。幼习武生，后改习武旦，以演《打焦赞》、《取金陵》等剧驰名，进京后入同庆班、双庆班，与杨小楼、俞振庭等名家同台，声誉大起，被誉为武旦第一人。20世纪20年代后，与余叔岩、程砚秋等名家合作，技艺日趋纯精，形成了迅猛矫健、武而不燥的独特艺术风格，人称阎派。晚年执教于富连成和中华戏校，宋德珠、李金鸿、阎世善等名武旦均得其教益。他开打勇猛剽悍，出手花招险峻、跷功精湛，艺术风格对后辈武旦影响很大，流传至今的《扈家庄》、《泗州城》、《锯大缸》等武旦名剧均有较深的阎派痕迹。朱桂芳（1891—1944），艺名小四十，自幼随父朱文英学艺，坐科于长春科班，出科后即与杨小楼、尚和玉等武生名家配演，很得倚重。1910年入选为内廷供奉，后长期与梅兰芳合作，同赴美、日、苏国外演出，为梅剧团主要成员。晚年执教，宋德珠、言慧珠等均深得其教益。他的表演既有乃父之勇猛风格，又有稳健秀美的大家风范，分寸感极好，在继承家学的基础上有所创新。《泗州城》、《取金陵》、《青石山》等均为其常演剧目。宋德珠、班世超等名家均受其教益。

这一代的名武旦已突破了武旦和刀马旦的界限，俱是两者兼长、文武皆能，所以他们的艺术风格能得到长期流传。但这并未本质上改变武旦在京剧舞台上边缘化的地位，阎、朱两位名家始终没有挑班，当过领衔主演。

名武旦宋德珠师承阎岚秋、朱桂芳，博采前辈诸名家之长，兼融体操、舞蹈等艺术特色，加以创新，形成了“美、媚、脆、锐”的宋派艺术风格，他致力于武戏文演，强调舞台气质和刻画人物，较大程度地拓广了戏路，丰富和发展了武旦、刀马旦的表演艺术。同时，他还创演了许多如《杨排风》、《百鸟朝凤》、《战金山》等适合列大轴的剧目，另外，如《扈家庄》、

《泗州城》、《取金陵》、《金山寺》等老戏，经他演后皆出新意。这些都是武旦得以挑大梁的必要前提，也使武旦行当的艺术发展有了一个质的进步。

大约在20世纪40年代，坤旦逐渐有替代京剧舞台上男旦之势。武旦行虽略有滞后，但也不例外，涌现出一批出色的女武旦，杰出的有白玉艳、关肃霜、张美娟、周云霞等。特别是关、张二人，是女武旦艺术的创始人和奠基人，她们的舞台经历和创造，为武旦行的发展作出了不可磨灭的贡献。

关肃霜剧照

关肃霜（1928—1992），湖北荆州人，自幼随父关永斋学艺，后拜戴绮霞、王韵武为师，1944年登台，花旦、武旦、武生兼演，初露锋芒。新中国成立后，长居云南，任云南省京剧团挑梁主演，文武兼长，多次获国际、国内各种演出奖，形成了自己独特的艺术风格。她的艺术创造主要是打破了青衣、花旦、刀马旦、武旦的行当界限，利用自身文武兼能功力深厚的特点，大范围地拓宽了旦行的表演艺术空间。这些在她拿手剧目《铁弓缘》、《战洪州》、《白蛇传》中得到了充分的展现。她的创新类似于李少春，强调文武并重，唱、念、做、打全方位发展，这已成了现代旦角争相仿效的楷模。另外，她创造了靠旗打出手的舞台特技，使“打出手”这一仅用在武旦神怪戏的技巧，开拓到用于《战洪州》这类的大型正戏中。当然，她的艺术成就不仅表现在武旦行当，也主要体现在对整个旦行的艺术发展，但其影响的涉及面，使其后的武旦行在艺术表现和人物塑造等诸方面均有了质的变化。

张美娟的表演风格在继承前辈艺术的基础上又有了较大的发展，她没有明确的师承，从小仗着自己过人的艺术天赋和练就的扎实武功，凭着自身的感悟在舞台上摸爬滚打，闯出了一条南派女武旦的新路子。她没有看过阎岚秋、朱文英等前辈名家的演出，但她明白京剧各个行当艺术是

张美娟与关肃霜

相通的，在和唐韵笙、李少春等名家同台演出中，她逐渐领悟到了武戏美的真谛，并巧妙地融化到自己的武旦戏中。另外，她从小文武戏都敢演，养成了喜欢揣摩戏理，琢磨人物的好习惯，她常用文戏的思路去思考武戏的表演，为她今后的武戏文唱打下了很好的基础。特别是进了国营剧团后，各方面的条件都非常有利于她的艺术进步，她自身各方面的能力都有了相应的提高。于是，张美娟精心加工自己的武旦作品工程起步了，从《盗仙草》开始，每一出戏她都有自己独有的技巧和内容，几乎都含有原创的成分，而且能得以流传。经过近百场国内外舞台的实践，她逐渐形成了自己的艺术特色，并影响了王芝泉、齐淑芳、方小亚、刘琪、李丽等一代年轻武旦，这些人后来都是蜚声国内外武旦行当的挑梁名家。

张美娟的艺术特色大致可以概括为三个方面：

1. 创造了花样繁多的出手技巧

张美娟得以成名的主要业绩是“打出手”，在20世纪50年代，她被公认为武旦出手第一人，名声传遍国内外。从她18岁创造“踢双飞”技巧开始，各种花样繁多的新出手技巧，随着她创编的精品戏不断地闻世。在《盗仙草》中，她首创了“十杆枪”的新踢法。在《虹桥赠珠》的演出中，她的出手更加精彩，表演了“前后桥踢枪”、“虎跳踢枪”、“乌龙绞柱踢枪”等高难度技巧，在当时都是给人耳目一新的创举。特别是在《火凤凰》中的各种“托举空中踢枪”，巧妙地在京剧中添加了芭蕾的元素，又非常结合剧情，把出手技巧的意境提升到一个新的层次，场面也扩大到十八杆枪满台飞舞的大场面。当然，这些技巧在现在的京剧舞台上已经司空见惯了，但正是因为有了这样的首创者，才使京剧武旦出手技巧能不断地推陈出新并得以发展。还值得一提的是，张美娟在台上极少失手，笔者采访过不少她的同事和观众，几乎都异口同声地宣称：从来没有看到张美娟掉过枪。现在有些武旦演员出手难度确实不小，但经常满地捡枪，把舞台当作排练场，这与张美娟的工作态度和艺术境界就无法相比了。其实，张美娟在台上失过手，而且还是刻骨铭心的掉枪。有一次在上海锦江小礼堂演出，毛泽东、刘少奇、周恩来等中央首长出席观看张美娟的《盗仙草》，打“十杆枪”时竟然掉了一台。幸好首长们没有责怪，周总理还细心地问了原因，才知道张美娟常用的四个下手因剧场同时演出《红梅阁》没有来，临时换了四个新手。张美娟内心十分难过，但首长们一直安慰她，因为他们都清楚：张美娟在国外演出近300场，出手的成功率毫无愧色地达到百分之百。

2. 武戏文唱的高雅格调

武戏文唱是张美娟表演艺术的一个重要特色。她对每一出戏都要仔细研究人物内心情绪，所以，每出戏的打法都有所不同。《盗仙草》一剧中，白素贞心急火燎想尽快得到灵芝仙草，尽量避免和仙童们的纠缠，打法以轻灵、躲闪为原则；《虹桥赠珠》的凌波仙子与二郎神是生死相搏，打法则是快捷、凶猛；《八仙过海》的金鱼仙主要相对八仙薄施惩戒，打得潇洒、俏皮；《火凤凰》表现的是白鹭和恶雕的空战，场面则是神枪满台飞舞，象征战斗的激烈。这样的不同处理，体现了人物情绪、表演和武打有机的结合，在武打中有剧情，这样武技中就含有文戏的味道了。武戏文唱的另一含义是强调整体美，这是表演艺术的一个高境界。它不是让观众只欣赏剧中几个突出场面，而是要让全剧留下长久的回味。张美娟完全做到了这一点，她对全剧每一个细节都经过认真的思考，始终做到内紧外松，她每一场都全力以赴，但让观众看到的她则是十分松弛、漂亮，处处体现美感，整场戏都找不出毛病。不像有些演员只重视"绝活"和喝彩声，一般场合则松松垮垮，虽然也可能完成一些高难度技巧，但整体格调与张美娟相比就是天壤之别了。

3. 新意独到的形体美

张美娟继承传统功力深厚是多数人的共识，她传统戏演得好也是有口皆碑，但这不是她艺术特征的主要方面。曾与她在"五七京训班"长期相处过的武功形体教师唐晋发这样说："张美娟的主要特点就是一个京剧革新家。"或许不少没有与张美娟长期接触的人觉察不到这一点，她不像关肃霜、赵燕侠那样有许多自己的独门新戏。实际上可以说，她革新意识的强烈程度不亚于任何一位创新型的京剧艺术家。她本质性的革新思想是：对京剧的形体美与传统观念有不同的理解。传统京剧形体训练有一套固定的方法，下腰要求手摸到脚脖，踢腿要求勾到鼻尖，扳腿要求脚尖指向太阳穴，跟斗也要求翻得近、抱得紧，总之，各部位肌肉都强调收紧以示规范。张美娟自己也是从小在这样的训练方法下取得成功的，但她认为这样训练并不正确。且不说这种练法会影响儿童的健康发育（这是她后来当教师后的思考），而且舞台上显得不美。她从芭蕾中得到启示，认为腰、腿、臂、舒展、打开显得更美，肌肉应当伸展，不应收紧，在《火凤凰》等剧中，她自己尝试着这样做，觉得效果很好。这一想法是对传统京剧有颠覆性的思想，很多人表示反对，但张美娟始终坚持，并不懈地付之于实践。在她主持的"五七京训班"武功训练中，她不请京剧武功教师，而请上海舞蹈学校形体训练老师唐晋发来主教（这点在下一章还将详细论述）。在20世纪五六十年代，这只是张美娟的萌芽思想，自身实践探索并不很多，但这却是她艺术特色中最独特、最精髓部分。

在艺术风格形成的过程中，张美娟始终不忘多方面吸取艺术营养。1959年，武旦名家宋德珠率福建省京剧团来上海演出，公演了《扈家庄》、

《金山寺》等许多宋派名剧。那时的宋德珠已过中年，坎坷的境遇使他已略显老态，扮相、风采已不及当年，但功力深厚，演技老到，给人以炉火纯青之感。张美娟几乎场场必到，十分认真地观看学习。有些青年演员发现宋德珠的亮相与张美娟不同，天真地认为还不如张的好看。张美娟细致地给她们解读宋派艺术的精髓，说明了男女武旦的区别，并坦率地告诉她们通过观摩才知天外有天，自己确实受益匪浅。正因为有这样虚怀若谷的包容精神，张美娟的艺术不断地进步，戏路也在不断地拓宽。她在宋德珠身上见到了刀马旦艺术的巅峰水平，自己也开始逐渐地向刀马旦剧目开拓，先后演出了《战金山》、《虹霓关》等刀马旦戏。在新民京剧团并入上海京剧院后，她很欣赏小王桂卿的艺术，在《宏碧缘》下集中，他们俩意向合作，而且还计划将传统戏《紫竹林》改编为《高俊保与刘金定》。很可惜，这些想法都因客观原因没能实施。张美娟是个戏痴，只要有戏演，她从来不计较名分，不摆主演的架子。她认为多演配角也能从另一角度提高艺术境界，所以，她曾为李玉茹配演过《白蛇传》的小青，《百花公主》的江花佑，《十二寡妇征西》的杨七娘，甚至连《武松打店》的孙二娘，《四杰村》的鲍金花她都演过，而且像演主角一样同样认真对待。

张美娟的艺术影响深远，为女武旦行当的发展开创了一条可行之路。继后一批又一批的年轻武旦争相崛起，她们的表演多少都带有张美娟老师的痕迹。20世纪50年代的小张美娟（明珠），60年代的齐淑芳、王芝泉，80年代的方小亚、艾金梅，90年代的史依弘，这些都是武旦行当传承薪火的代表人物。她们的共同努力使武旦行当繁荣发展，从一个最小的行当发展成为一个名家众多的大行当，其中无处不含有张美娟艺术的影响，有人称她为“武旦的教母”确实不为过。

再好的美玉也会有些小的瑕疵，张美娟自己也常为艺术上的缺陷深感烦恼。她最苦恼的是嗓子不好，缺少亮音，可能是幼年时练功过度造成的结果，也可能因少年时演出过分劳累所致。这样，她演文戏的精彩程度就大打折扣，以至于后来基本不演文戏。其实，张美娟很喜欢演文戏，她曾对丈夫齐英才说过：“我的性格最适合唱青衣。”确实，她沉默寡言，从不张扬，而且非常善于探索人物内心，但是，嗓子不给力，这成了她一生难解的心结。其次，相比武旦戏，她对刀马旦剧目的实践显得薄弱。单就剧目内容来说，同样表现身怀武技的女性，刀马旦戏比武旦戏更有内涵，剧目数量也相对较多。张美娟也意识到了这一点，在开创自己艺术风格初期，为了展示独特的出手技巧，她尽量多演武旦戏，达到了一定的境界，转向意境更丰富的刀马旦戏是艺术发展的必然。张美娟正要作此努力时，机会失去了，以至于她没有留下自己创编的独门刀马旦戏，不能不说是一个终身遗憾。有些老先生认为：张美娟始终没有达到宋德珠那样的艺术境界。这句话包含了几层含义，第一，张美娟继承前辈艺术家的艺术精华没有经过实授；其次，她常演剧目的内容和表演技巧涵盖率不够全面；再者，她还达不到独立挑班久演不衰的境地。当然，我们没有理由苛求一个贫民出身的女演员十全十美，而且，瑕不掩瑜，她的艺术成就和对未来的影响是无可估量的，可以当之无愧地成为新一代女武旦的第一人。

第三章　坎坷的岁月

一、大演现代戏

中华人民共和国成立后，毛泽东主席的文艺思想始终是指导文化部门各项工作的总方针。在“文艺为社会主义政治服务，文艺为工农兵服务”方针的指导下，京剧舞台上一成不变地照演旧戏是绝对不行的，所以，剧目的革新势在必行。1960年，文化部部长齐燕铭在现代题材戏曲汇报演出大会上，代表文化部提出要在“两条腿走路”的基础上，加上新编历史剧的内容，主张“大力发展现代剧目；积极整理、改编、上演优秀的传统剧目；提倡以历史唯物主义观点，创作新的历史剧目”的“三并举”方针。客观地说，对“三并举”方针，当时大多数文艺工作者还是能够接受的，但基层领导执行具体政策时，习惯性地“宁左勿右”，特别是后来，毛主席严厉批评文化部是“帝王将相部”，“才子佳人部”，大演现代戏的高潮来到了。

京剧剧目是否适合演现代戏，这一议题在新中国成立初期戏曲界曾有不同的看法。持否定态度的理由是京剧的固定程式不适合表现现代生活，而且过去演过表现现代生活的时装戏基本上都没能够流传。当然，这类与官方相左的意见遭到否决。演现代戏的第一次高潮是在1958年，政治背景是正值“大跃进”年代，以“左”为荣的理念正成为当时的社会风气。在“以现代戏为纲，推动戏曲工作的全面大跃进”口号指引下，全国各院团争相创排现代剧目。上海京剧院当然也毫无例外地投入这次运动，先后排了许多现代戏，其中影响较大的有童芷苓、童祥苓等主演的《赵一曼》，李仲林、纪玉良等主演的《林海雪原》，霍鑫涛、童祥苓等主演的《红色风暴》。当然还有很多因赶任务编排的粗制滥造的剧目，演了几场后就永远销声匿迹了。那时排演的现代剧目基本都已失传，唯一硕果仅存的是中国京剧院编演的《白毛女》，也许这是因为李少春杰出表演的艺术魅力所致。

真正的运动高潮是在1964年，在毛泽东反复强调“千万不要忘记阶级斗争”的政治形势下，演出传统老戏就是宣扬封建主义，传播剥削阶级思想，编导人员和演员们纷纷争相编演现代戏，以此作为自己积极跟党走的实际行动。同年6月，在北京举行了全国京剧现代戏观摩演出大会，19个省、市、自治区的29个剧团参加，共演出了35个剧目。演出质量较前有了明显的进步，其中包括《红灯记》、《芦荡火种》、《智取威虎山》、《奇袭白虎团》、《黛诺》等至今尚在传唱的剧目。上海团除了名牌剧目《智取威虎山》外，还有沈金波、筱高雪樵的《战海浪》，言少朋、张少楼的《柜台》，童芷苓的《送肥记》，李玉茹的《审椅子》。上海京剧院大牌名家几乎全梁上坝，单就缺少了张美娟。客观原因是她届时正在欧洲访问演出，但张美娟从未演过任何现代戏这是事实，作为一个有如此影响的大名家怎能置身运动之外？

笔者为此曾采访过张美娟生前的许多同事和她的丈夫齐英才，大家都确认：她确实没有正式公演过现代戏，但她排演过。1958年，她曾排过一出戏《春风杨柳万千条》，扮演一个里弄妇女，有脚踢砖头的场面。据说，吴石坚打算为张美娟编写一出以她为主角的现代戏《姑嫂比武》。这出戏原是嘉定锡剧团创作剧目，剧目诞生过程中，吴石坚曾三下嘉定，作过具体辅导，后来该剧成功上演，并拍成了电影。吴想把此剧移植过来，编一出现代京剧武旦戏，让张美娟主演，后来也因为种种原因没有成功。还有人说，名导演关尔佳曾打算为张美娟编排一出《送盐》的现代戏，但以后情况究竟怎样，无人得知，总之，所有存有记录的现代剧目没有留下张美娟的名字。

张美娟出身贫寒，对党、对新社会深度热爱，历来积极响应党的号召，怎么会对大演现代戏这项运动无动于衷、没有具体表现呢？笔者非常希望解开这个谜团，但始终没有得到合理的解释。出国演出任务繁忙显然不是理由，因为党和政府号召演现代戏已持续了很长一段时期，自1958年以来一直没有停止过。全国的大牌京剧名家无不积极投入，李少春、袁世海等出访演出也非常多，但他们一点也没有耽误现代戏的排演。甚至马连良、张君秋等条件不太合适演现代戏的老艺术家也不甘落后，而且还有具体剧目流传于世。上海京剧院更是编演现代京剧的大户，全院的主要演员几乎都有表现，连周信芳老院长也排演了《杨立贝》，准备在全国京剧现代戏观摩大会上演出。张美娟怎么会在这么长的时间内始终没有主动提出这方面的要求呢，是对大演现代戏有看法吗？这不太可能，她对党的号召决不会消极抵制。在张美娟的心中，“领导有错”的念头连闪也没闪现过，别说是对中央领导，就是对基层领导，她也从未有过任何顶撞、对抗的言行。更何况她的艺术思想中很少有守旧、保守成分，而且经常会闪现革新的想法，怎么会对创演现代戏持负面意见呢？唯一还能勉强解释通的原因，就是她政治嗅觉不太敏感，没有意识到这是党对每一个文艺工作者忠诚程度的考验。她是一贯听党话的好党员，她努力做好本分工作，而不是专门喜欢揣摩领导意图在政治运动中起哄的人。对演现代戏的不敏感说明她缺少辨别政治风向的能力，也是导致她后来在“文革”中遭遇坎坷的因素之一。在京剧现代戏汇演之后，已是“山雨欲来风满楼”的政治气候了。许多演艺人员或是出于自我保护的本能，或是希望进一步向党靠拢，纷纷表现出“左”倾情绪和行为，阶级斗争的调门定得很高。张美娟没有任何“做作”和激动的表现，虽然“不能再演老戏了”这一约束使她感到有些惘然，但她依然故我，平平常常地做好自己分内之事。

二、不寻常的日子

1966年是不寻常的一年，也是中国人民大灾难开始的一年。文艺界是“文化大革命”的重灾区，风暴来得相对早一些。上海京剧院是个备受关注的单位，一方面它是江青、张春桥要重点培植的现代京剧演出团，要作为文艺战线样板培养；另一方面它又是所谓“文艺黑线”把持的单位，张春桥称其为“被封建帮会家属势力统治的黑窝”。正因为这样，在1965年，上海市委派出了以言行、章力挥、闻捷为领导的工作组，领导运动并主持上海京剧院的工作。周信芳、吴石坚、孙均等原来的领导都靠边待查了，一些有历史问题、作风问题的人也都战战兢兢，不知道将会有什么灾难来临。一些很早成名的如李玉茹、童芷苓等大牌主演，在解放前与国民党政要及大资本家们多少会有些来往，此时更是胆战心惊，非常害怕革命会革到自己头上。

1966年夏天，被称为“十年浩劫”的“文革”正式开始。造反的势头像决了堤的洪水，无情的程度超越了人们的想象。在“横扫一切牛鬼蛇神”的口号引领下，斗争的目标已从“重点整党内走资本主义道路的当权派，批判资产阶级反动学术权威”扩大到一切所谓“有问题”的人。周信芳当然是首当其冲，他已是被正式点名的黑帮分子，早就成了众矢之的。

李玉茹、童芷苓、李仲林、金素雯等京剧名家均被打入了“牛棚”，各类揭发的大字报铺天盖地，人们都害怕自己的名字是否会不幸出现。张美娟出身贫寒、历史清白，虽然列入“三名三高”，但她人缘很好，在运动初期没有受到任何冲击。但她的丈夫齐英才因受吴石坚的重用，被打成“吴氏黑干将”；他是一团团长，又被扣上了“走资派”的罪名，先是靠边，后被关进了“牛棚”。对于这样一场突如其来的暴风骤雨，张美娟感到非常茫然、不知所措。以前她也曾经历过多次政治运动，基本原则就是紧跟领导、随从大流，不当落后分子，也当不了积极分子。这次情况不一样了，领导已不像以前那样胸有成竹、指挥若定，他们自己也免不了挨大字报，对运动的掌控能力锐减。那些运动积极分子的大字报调子越唱越高，对“牛鬼蛇神”们的行为越来越过火。张美娟内心也相当反感，又不敢贴大字报去指责他们。当时文艺六级以上的演员享受高级知识分子待遇，在运动中一律被称为“三名三高”人物，虽然多数人没有被当作阶级敌人对待，但他们的言行都十分谨慎，唯恐稍有不当就可能遭到厄运。张美娟、孙正阳、纪玉良等这些暂时没有问题的“高知”们被规定在一起集中学习社论和文件，也没有哪个战斗队来吸收他们作为组织成员。“我该做些什么？才能表示在响应党的号召，积极投入无产阶级文化大革命呢？”张美娟内心很困惑，她历来最听党的话，怎么这次大运动中自己会不知所措呢？她一时也找不到人商量，丈夫被隔离了，领导们自顾不暇，同事们都谨小慎微，彼此之间都不愿说真话。怎么办呢？就这样一言不发地等下去，岂不是有消极对抗运动之嫌？落井下石地批判包括自己丈夫在内的“阶级敌人”吗？她做不出来，她必须严守自己的道德底线。大家都在积极写大字报，或是批判，或是揭发，或是表态，张美娟能写什么呢？她终于想出了一个可行的主意，让学生田毓珠帮她写了张大字报，内容是主动要求减薪。“文化大革命”的主要目的是防修反修，高工资和资产阶级生活方式正是产生修正主义的土壤，所以，写这样的大字报方向总是不错的，而且也不涉及别人。其实，张美娟写这张大字报实际损失是不小的，因为既然写了就要做，她当时工资虽然相对较高，但她既要将收入的一半交给养父张德武，还要赡养齐英才父母和一双未成年的儿女，生活绝对不宽裕。但她这样做了,是无奈还是真诚无从考证,不管怎样,暂时先熬过了这一关。

到了8、9月份,全国大串联开始,北京中国戏校的红卫兵到上海京剧院来煽风点火。由于当时北京正处于被称为“红八月”的恐怖时期,自称为“红卫兵纠察队”的打手们疯狂地抄家、打人、私设刑堂,真像是要在肉体上消灭“阶级异己分子”。那些红卫兵挟着“红色恐怖”的余威,姿态比上海京剧院的造反派还要“左”,指责“斗黑帮斗得太温”了,企图用更残暴的手段来批斗京剧院的“牛鬼蛇神”。幸好被当时还在主持工作的章力挥策略地劝阻了,但这样极左思想的蔓延谁也制止不了,京剧院的造反派胆子也越来越大,行为也越来越出轨。随着批判资产阶级反动路线开始,领导运动的工作组逐渐失去了控制运动的能力,他们从运动掌控者变成了批判的对象,各个群众组织自立山头,一方面在批判“走资派”,批判“资反路线”,斗争“牛鬼蛇神”;另一方面则大打派仗,扩展自己的势力,京剧院的运动基本处于无序状态。当时院内主要的两派组织是:以京剧院学馆学生为主体的“毛主席路线红卫兵”,另一派是年轻编导人员为代表的“无产者联合战斗队”。两派都打着批判周信芳的旗号,内战一直打到1967年。张美娟哪一派都没有参加,有下工厂、下农村劳动的机会就积极争取,暂时躲开了硝烟弥漫之地。

上海京剧院是一个备受高层领导关注的特殊单位,江青、张春桥直接管辖着院内两个样板戏剧组——《智取威虎山》和《海港》剧组。不管“文化大革命”运动如何进行,演样板戏始终是院内的首要任务,任何干扰这项活动的行为都要被制止,甚至受到制裁。所以,当时的“中央文革领导小组”、上海市革委会都不允许上海京剧院的内战无休止地打下去,要求尽快结束这样的混乱状态。在江青的心目中,上海京剧院的主要任务是演好《智取威虎山》和《海港》两出样板戏,这是她重要的政治资本。她不但要求现在有明显的成果,而且希望把所谓的“京剧革命”持续下去,她对京剧院两派的头头都看不上眼,觉得这样的事靠他们是绝对做不好的。这时,张美娟的价值体现出来了,她出身贫寒,历史清白,素来听话,政治上从来没有逾越上级的独特想法,这是完成该项任务的最佳人选。

张美娟在以前曾经给江青留下了很好的印象。她是当年出国最频繁的京剧演员之一，不但是江青，连毛泽东、周恩来都记住了这个技艺惊人的女武旦，江青还曾把她请进中南海拍摄全套《虹桥赠珠》的照片。她在接见《智取威虎山》剧组演员时曾让齐淑芳带话，向张美娟问好。这其实已表示了要启用张美娟的意图。江青明白，样板戏是她的命根子，她希望这块试验田常盛不衰，培养后备人才是必须的。而张美娟是她心目中完成这项工作的最佳人选。“文革”的狂浪已打得张美娟晕头转向，她不知道干什么才是对的，呆在干校参加农村劳动心里还算踏实。但有一点她是有自己想法的，就是她相信这种混乱的局面不会太长的。当齐英才还被关在戏校地下室时，张美娟去探望，对丈夫认真地说：“老齐啊，这是运动，凡带长字的都遭难，你可要挺住，千万不要轻生。”可见，她在等，她相信党是不会忘记他们的。但是，究竟谁能真正代表党，她和绝大多数普通老百姓一样，是不可能搞得清的。现在有一个手眼通天的大领导想到了她，而且要她组织练功排戏，她能不高兴吗？她做梦也不会想到后来会是那样的后果。这样一个艺术上极有天分和才能的好演员，莫名其妙地被卷入政治旋涡，在人生道路上出现了很大的错位。人们常说：“人生的历史是自己写的。”其实也不尽然。当一个弱者被卷入政治的风口浪尖，他是没有办法完全控制自己的行为的，所以，以政治运动的成败来评判个人，往往是不公正的。

三、五七京训班

早在1967年4月，江青在接见上海舞蹈学校《白毛女》剧组时批评他们刀枪舞得不好，就对他们提出：“建议你们聘请张美娟做教师，教你们怎样耍枪耍刀。”1969年2月，她在接见《智取威虎山》剧组时再次催促：“可以找几个姑娘让张美娟带。”上海市革委会对江青的指示当然不敢怠慢，徐景贤亲自抓落实。同年3月18日，由张美娟负责的练功小组成立了，开始地址设在文化广场边上的上海戏曲学校，后搬到天平路40号。练功小组活动的主要内容就是要让一些暂时还没有承担样板戏角色的有实力的青年演员恢复练功，以作为将来排新戏的后备梯队。上海京剧院的杨春霞、夏慧华、华文漪、马博敏、王健英等一批优秀尖子都参加

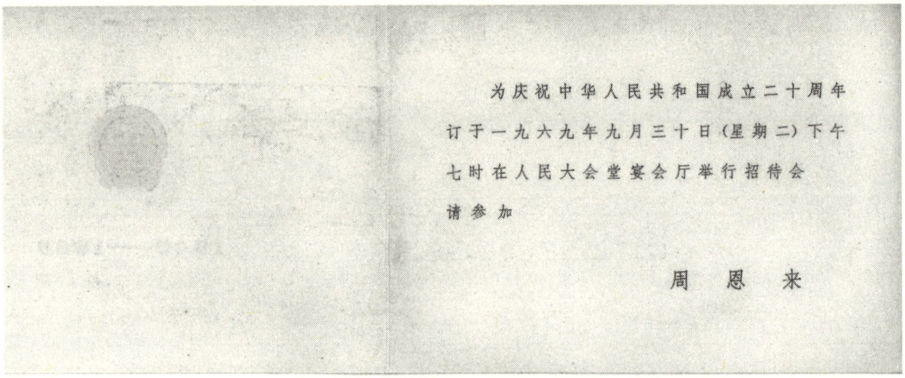
为庆祝中华人民共和国成立二十周年
订于一九六九年九月三十日（星期二）下午
七时在人民大会堂宴会厅举行招待会
请参加

周恩来

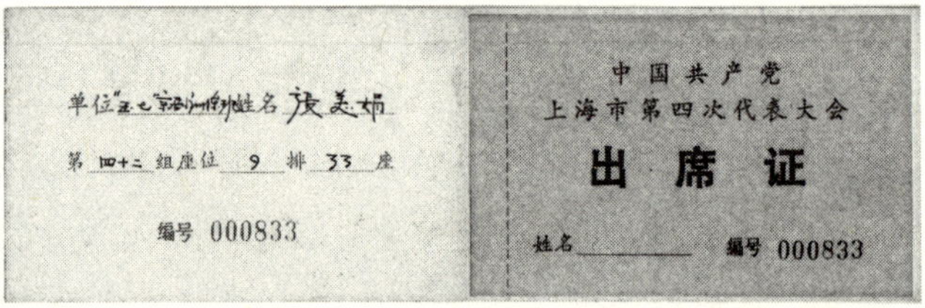
单位 姓名 张美娟
第 四十二 组座位 9 排 33 座
编号 000833

中国共产党
上海市第四次代表大会
出席证
姓名 编号 000833

张美娟参加国庆20周年招待会和中共上海四大的出席证

了该小组，成了张美娟的学生。张美娟请了上海京剧院文武老生霍鑫涛当助手，还请了“抄功”老师汤志兴、李志良等帮助学员们练形体，练功小组的工作很快就正常开展起来了。这件事对张美娟来说并不难，教学生练功是她的本行，驾轻就熟，毫无困难。老师和学员基本上都是原来院里的同事，凭着她原来很好的人缘，人际关系比较简单也容易相处。再加上后勤保障非常充分，工作进行得相当顺利。张美娟自己也非常积极，因为她总算结束了自“文革”以来的无所事事状态，终于有了正事可干，她的情绪自然有了很大的转变，忘我地投入了工作，觉得前景变得一片光明。她的工作很快得到了上面的肯定。上海市革委会在《文汇情况》中报道了练功小组的进展情况。江青破例地表扬张美娟，称张美娟接受任务后任劳任怨、成绩显著、大有希望。张美娟又不由自主地被推上了一个台阶。1969年，她被推选为中华人民共和国二十周年大庆观礼代表，登上了天安门城楼。周总理在人群中认出了张美娟，热情地和她握手，问她：“这几年怎么一直不见你？上哪儿去了？”隔天，邓颖超专程到上海观礼团看望她，并关心地问起她丈夫齐英才的情况。当张美娟说到齐英才犯了“走资派”错误时，邓颖超安慰说：“犯错误没关系，改了就好。”那时，江青也单独接见了张美娟，对她的工作表示了充分肯定，还谈到要培养京剧后备力量问题。面对这些特殊的眷顾，张美娟除了感激、报恩，难道还能要求她分辨出哪一个是关怀，哪一个是拉拢吗？她除了诚恳地表示要紧跟首长干革命以外，似乎也没有别的选择。观礼回来以后，张美娟被提升为上海市革委会委员，就这样一步一步地被推上了“不胜寒”的高处。

对于江青的指示，那时的上海市革委会落实得非常快。同年12月5日，张春桥、姚文元召张美娟到市委康平路办公室开会，要她负责创办“五七京剧训练班”，为样板团输送后备人才。张美娟这才感到紧张起来，自从“文革”开始以来，她因为是“三名三高”的演员一直靠边,后又下放干校劳动，现在像“三级跳”一样，又是观礼代表、市革会委员、文化局负责人，马上又要当“五七京训班”校长。这一切都来得太快了，自己行吗？这可是江青的“试验田”，搞糟了责任非同小可。张美娟连连推辞，向张、姚表示：她自工作以来连个小组长都没当过，不会当领导，搞个练功小组已经勉为其难，怎么还能当校长？张春桥一面施压强调，这是上面已经决定的事，作为共产党员必须服从；另外又再三鼓励，让张美娟大胆地干，

“五七京训班”成员在江西体验生活

有责任他来担。话说到这个份上，张美娟当然没有别的选择，只能照办。

1970年5月7日，“五七京剧训练班”选了这样一个“黄道吉日”正式成立了。开学典礼规格很高，张春桥出席，祝贺“五七京训班”成立。上海空四军委派军代表共同领导主持工作，上海京剧院院领导成员舞美专家幸熙作为她的副手，协助张美娟行政管理，原练功小组的老师们都参加了京训班工作，成了张美娟新班子内的“四梁八柱”。校址选在原上海中学的一个校区，那时学校教学情况也不正常，所以空出了不少校舍，正好给京训班用。张美娟当了领导后，仍然保持着平民本色，与大家一起动手，打扫卫生，整理校舍，与普通员工完全一样，没有任何特殊化的地方。一切后勤工作准备就绪以后，最关键的事情招生就开始了。

在极左思潮蔓延的年代，它的影响遍布到各个角落，京训班的招生工作也难免有这种倾向。选演员需要形体好、嗓子好、发声音准好，这些方面老师们都非常清楚。还有一个重要条件就是要三代“红五类”出身，现在看来实在是可笑至极，他们把“样板团”简直看成是国家绝密单位了。第一批学生的基本条件应该是比较好的，他们中的不少人至今还坚持在京剧岗位上，如老生许锦根、缪斌、庄顺海，旦角杨健芳、朱菊菲、张慧玲，武旦潘瑛，花脸陈明发等。但由于各种政治因素的约束，使他们没有得到戏曲演员所需的正常学习，所以，这批学生整体成才率不高。1972年又

“五七京训班”练功

招了第二批，这批学生在改革开放后转入上海戏校，学了几年传统戏，整体状况比第一批略好些，有李占华（旦）、徐建中（老生）等。

在那个年代里，怎样教好这批学生绝不是一件简单的事。江青、张春桥只给了一个笼统的原则：首先要培养成“无产阶级革命文艺战士”；其次，要造就一批业务过硬样板团的后备军，将来为“现代京剧试验田”服务。原则制定容易，实际操作起来就难了。从来没有当过领导的张美娟感到了身上的压力，对于第一点，反正有军代表把关，只要不出大问题就行。但在业务方面军代表是帮不上忙的，完全要靠张美娟自己动脑筋了。自“文化大革命”以来，戏校一直没有招过学生，旧戏校的教学方法已经被当作“封资修”的反动文化全盘否定了，谁也说不出现在的学生应该怎么教。张美娟第一个尝试做这件事，其中的难处不是一般人能够想象的。首先，不管是练功也好，练唱也好，照搬老的一套是绝对不行的，必须要有新意，要有新的教学内容，否则，怎么能称得上“文化大革命”的新成果？当然，首先在课程安排上必须有那个年代的特色，学校设置的文化课程只有语文、算术、政治三门课，每天晚上要有革命大批判的内容，每星期要有一次学工、学农劳动。这样，剩下学习京剧的时间就不多了，还要学得有成绩，那就难上加难了。而且，上海市革委会派了两个专职联系人来监督、指导京训班的工作，这使张美娟更加觉得担子的沉重，她全力以赴，和学生、老师们一样，日夜不离开学校，只有星期天才回一次家。那时张美娟已有了一双儿女，她根本顾不上照料，全托付给公公婆婆了。后来，张美娟回忆起这段往事，觉得确实没有尽到母亲的责任，有点对不起儿女。

光靠工作态度积极、忘我还是不能完全解决问题，张美娟开始想办法，这时她的创造性艺术思想逐渐充分地体现出来了。

第一，她要求每个学员都要做到文武兼备，这是她一贯的艺术思想。张美娟认为，京剧文戏中的唱、念、做，武戏中的舞和打都是塑造人物的手段，它们是应该有机地融为一体的，任何一方面的不足都会造成表现人物不完整，而且影响其他方面的发挥。她自己就因为嗓子不好痛苦了一辈子，对于文戏的心结她要在教学工作中得到一定的弥补。

第二，她隐隐觉得京剧发声练唱的方法不太科学，京剧演员中把嗓子唱坏了的人比比皆是，"倒嗓"、"塌中"的普遍现象至今也没有合适的解决办法。为什么唱歌的演员很少有这类事情发生？她认为其中定有必然的原因，京剧界应该像音乐界学习，使演员们能用科学的方法去练嗓。于是，张美娟专门请了歌唱家才旦卓玛的老师王品素来教学生们练声，还请了上海人民艺术剧院的作曲家沈利群来编曲，并教学生演唱，另外，钢琴家王祖庚、指挥家侯润宇都是张美娟学校的上宾。这些音乐界的著名人士加盟后，京剧练唱的整个格局有了质的改变，为了突出新意，把这些革新措施还冠以"声乐革命"这样一个时髦的名称。这确实是对传统京剧教学一个强力冲击的措施，为了检验效果，张美娟还请了专职五官科医生于养居每星期为学生检查一次嗓子。对于一个从小没有受过自然科学教育的演员，能有这样的理念，真是很不容易的事。

第三，对京剧武功训练，张美娟一直有她自己独特的想法，在以前排演《火凤凰》时，她已做过一定尝试，现在她想把这一想法进行全面实践。京剧和芭蕾舞、体操一样都有形体训练和武功训练，但它们的训练方法则不同，均有自身的特点，彼此之间很少互相学习交流。京剧腰功、腿功的训练比较强调"收"，这时肌肉大多处于紧缩状态，从小"坐科"的京剧演员一般说来身材不高，四肢也不是很长。从京剧传统审美观念来看，四肢过长反不为美，所以，他们在舞台上的形体动作以"抠紧"为主。芭蕾舞正相反，演员们身材高挑、四肢颀长，舞蹈动作十分舒展，腰腿的肌肉基本都处于"打开"状态。体操运动员形体大致介于两者之间，也有自己独特的训练方法，而且在逐渐改进，特别有了科研因素加入后，体操技术有了质的飞跃。在20世纪50年代初期，许多体操名运动员都曾向张春华等京剧名家学习跟斗技巧，到了60年代中后期，体操和技巧运动员的跟斗水平大大超过了京剧演员，无论是难度还是漂亮程度都把京剧跟斗远抛在后面。张美娟强烈地意识到京剧训练方法的保守和落后，特别是今后将由现代京剧替代传统京剧，现代人物舞台形象的审美要求会有较大的改变，形体训练的老方法肯定不能适应现在的需要。张美娟决心对老传统"动大手术"，她请了上海舞蹈学校形体训练老师唐晋发来主持学生们的练功课，请了著名技巧教练洪南丽教学生跟斗，并借鉴了体操训练的形式，练动作时配上钢琴伴奏。这样的训练称为“京芭体三结合”，也开创了京剧武功训练的独特先例。在1972年8月22日《文汇报》上，张美娟发表了一篇《努力按工农兵的需要培养接班人》，把她这几项改革措施阐述得很明白。文章这样写道：“……社会主义时代的工农兵，是能文能武的，表现他们必须有全面的技能，不仅要求有社会主义觉悟，工农兵的思想感情，而且要求文武兼备，能言能唱，全面掌握京剧艺术的表现手段。……京剧传统女声旦角发声用假嗓，不能表现今天劳动妇女刚健、朴素、大方的气质，以及社会主义时代感，在培养接班人方面，领导同志指示我们要让他们从小就试验真假嗓结合，训练出宽厚洪亮，能表现劳动人民气质的声音。……旧京剧的武功，程式框框很多，有些动作也很陈旧，但单靠这些基本功来塑造我们无产阶级的英雄人物是不够的。为了表现工农兵，在领导的指示下，我和同志们一起研究，武功教学上以革命京剧为主体，实行武功、舞蹈、体操三结合。”

这三项举措实施后，确实有一定的震撼力，特别是后两条，对传统京剧有颠覆性的成分，引起了不同人群的不同反响。1972年，张美娟当上了上海市革委会的常委，后又选为四届人大代表，赴北京参加了“文革”后第一次召开的人民代表大会。在上海的“五七京训班”影响下，北京也成立了类似的京剧训练班。上海京训班曾去北京上过一次形体、武功训练公开课，当时北京京剧界的一些名家们内心多数不认同，但谁也不敢公开表示反对。其实上海京训班内部也有不同意见，这问题本可以集思广益

张美娟（右一）在农村劳动

地研究讨论，但加入了浓厚的政治因素，大家只好缄口不言了。总之，在当时的情况下，张美娟取得了重大成功，她在艺术上的成功已被公认为理所当然的事，但在管理和革新上的成功似乎有点匪夷所思：一个连小组长都没有当过的人能领导一所学校去开创前人从未做过的业绩？

不管后来对这件事的评价如何，张美娟显示了她人所未知的领导能力和难能可贵的开拓精神。她的学生和她当年的下属都有一个共同感觉：张美娟话很少，但不怒自威，学生们都怕她，但她却很少当众指责学生。她能够服众是由于她性格上有着突出的平民气质，其实，无论任何时代，老百姓都诚服以身作则，没有官架子，不享受任何特权的领导，张美娟正是这样的人。她自当了校长后，处处以身作则，平时工作和生活和普通员工一样，吃饭在食堂排队，上班从不迟到早退，劳动甚至打扫卫生都和大家在一起，毫无例外。平时与学生们一起住在学校，一起学习，一起练功。每年两次（三夏、三秋）下乡劳动，她与学生们一样下水田，插秧、割稻、挑粪等农活样样都干，而且，干活拼命程度像幼时练功一样，经常撑到体力的极限，那时她已经是四十多岁的中年人了，这种精神使全校的师生都非常感动。她当上市革会常委后，有一辆红旗牌轿车供她使用，但她除了去市革会开会外，平时都不用，每星期一早上去上班，她总是挤公共汽车。那时到京训班所在地只有一部公共汽车，上下班时段拥挤程度是现在的人难以想象的，张美娟所穿的中式外套中间的排扣很少有齐全的时候，都是被挤扯掉了。她居住的住房还是50年代上海京剧院分配的，在雁荡路淮海路口，一个前楼，一个亭子间，对于已有两个孩子的家庭，这样的住房已显得拥挤。1962年，张美娟因腿伤在家养病，周总理曾派秘书前去她家探望，回来曾向总理报告过张美娟住房条件的简陋。后来，周总理曾当面对她说过："你因为是共产党员，要求进步，就不能住大一点的房子吗？"她当上了领导后，上海市革会也觉得应该改善她的居住条件，曾经让张美娟去看过南昌路花园洋房中的一套。她不愿给领导添麻烦，推说住惯了，始终也没有换新房。直到80年代，雁荡路原住房拆迁，才由拆迁办分配到法华镇路现在居住的房子。总之，她没有利用手中的权力为自己谋过任何物质利益，哪怕是完全合理的。她之所以能如此坚持自己的操守，因为她始终想到：当官千万不能远离普通老百姓，平民的本质使她做到了现在许多当官的很难做到的不谋私利。

1974年，为创排新戏《闪闪的红星》，张美娟带领有关师生去江西井冈山体验生活。因为她有上海市革委会常委的身份，江西省领导高规格接待，但张美娟婉拒了特殊待遇，依然和大家住在一起，砍柴、划竹筏等各种劳动她都参加。特别是到了乡村，清洁卫生条件有严重的问题，床上遍是跳蚤和小虫，许多女老师都感到害怕，张美娟主动提出和她们换床，就像一位大姐而不是领导。许多师生直到现在说起这段往事都很感慨："现在要有这样的领导就好了。"她的平民气质一方面是由于本身的性格和道德因素所致，另一方面也确实是因她从来没当过领导，对官场的习惯十分生疏，打官腔、耍官气、摆官架子等官场常规动作的功力接近于零。这样，她就能自然地为普通百姓着想，而不是一味地巴结上级。

张美娟还有一个令人值得尊重之处，就是能够礼贤下士。也许是演传统戏演多了，中国古代优良的礼仪道德渗入了内心，在她当领导期间，这一点也给大家留下了深刻的印象。在"五七京训班"里，有不少老师不是京剧界业内人士，有来自音乐界、舞蹈界或其他领域的专家。张美娟对他们特别尊重、优待有加。沈利群当时是上海人艺的作曲家，年龄与张美娟相仿，曾在《智取威虎山》剧组工作过，为该剧的作曲作过重要贡献。张美娟请她到学校，一方面为新排剧目《闪闪的红星》编曲，另一方面指导学生练习发声。当沈利群来学校时，张美娟把最好的房间让给她，生活上的关心和照顾无微不至。有一个场景至今还为人啧啧称道。有一次，她去接沈利群开会，动用了极少用的红旗轿车，当车

张美娟（左一）在井冈山竹筏上

在沈利群面前停下，张美娟下了车，为沈利群开启了车门，伸手礼让：“沈老师，您请！”旁观者都很惊异：“这就是上海市革会常委？”沈利群受到如此的礼遇，怎能不对这样的领导表示感激？直到2010年上海戏校举行纪念戏曲教育家张美娟座谈会时，耄耋之年的沈利群谈及往事，仍然情绪激动，眼含泪花地连称：“张老师真是难得的好人。”张美娟对王品素、侯润宇等专家都非常尊重，在学校的老师中留下了良好的口碑。

当时京剧界的名演员，大多数都被视为有问题的人。张美娟当了校长以后，对他们基本上采取网开一面的态度，尽量利用他们一技之长，到京训班来教戏。她曾对齐淑芳亲口说过：“这些有才能的人，晾在那里不用实在太可惜了。”经张美娟极力主张，先后应邀而来的有李玉茹、张文涓、张少楼、纪玉良、郭坤泉、小王桂卿、筱高雪樵、李多芬、张南云等许多名家。客观地说，这些在干校劳动或是被闲置的大牌演员有这样的机会从事专业工作，使自己的一技之长有一定的发挥，大多数人确实心存感激。但当时的整个社会风气都是反常的，就是张美娟本人也难免受极左思潮影响，学生们更是在批判“师道尊严”的声浪里长大的。所以，这些名家在教学过程中常感到别扭，有时难免受气或遇到一些自尊受伤的尴尬场面，也有人觉得还不如回干校劳动。这是张美娟始料不及的，应该说她这样做完全出于好心，而且还担着“网罗牛鬼蛇神”、“阶级立场不坚定”的风险。在大面上，她只能以“控制使用，促进其改造”的提法，内心里确实对他们是有同情心的。张美娟不但对上海的名演员如此，对国内的一些名家，如李少春、杜近芳等，都一如既往地敬佩、仰慕。在她任职期间，曾亲自到北京观摩杜近芳排演《红色娘子军》，回来后赞扬不已，并要求老师们认真学习杜近芳的演唱、发声技巧。对李少春，她更是敬仰有加，那时李少春还没有完全解放，在李去世后，她闻讯马上派唐晋发、李志良两位老师进京奔丧，并以个人名义送了花圈。按那时的“革命”理念，张美娟的这类行为属于阶级立场不稳，至少也是右倾思想，但她坦荡地做了。

上海戏校副校长田恩荣有段回忆，对张美娟上述几点可贵品质是个很好的解读。1975年初，张美娟带了“五七京训班”五位老师去天津、北京、武汉、南京调研，就“声乐革命”和“京武体结合”的问题听取外地同行的意见。张美娟本想低调出行，不要因为自己的地位打搅各地领导。在天津，由于住宿的问题惊动了当时文化部门负责人王曼恬，于是张美娟被安排在天津饭店的豪华套房，每晚看文艺节目都有专车接送，并被请至贵宾室候场。张美娟对这样的特殊待遇感到十分别扭，第二天，她要求一定要从豪华套房中搬出，与技巧教练洪南丽同住一间标房，她说在套房里一夜都没睡好觉，感到太不习惯。继而，她又拒绝了专车接送，步行去看节目，像普通观众一样，再也不进贵宾室。她这样做，丝毫没有做作的成分，而是对干部特殊化有着一种本能的抵触。在北京，她受到于会泳、钱浩梁等部长接待并一起看戏。她回旅馆后对同事说，坐在部长旁边看戏如坐针毡，连戏也没看好。反之，对那些挨整、靠边的"反动权威"，她却相当客气，毫无居高临下的样子。她十分耐心地听杜近芳讲了五个多小时的用嗓体会，回来后称赞不绝，连连夸奖她发声科学。对李少春，张美娟更是敬重，一口一个大哥，要他介绍演技、唱腔。李少春刚从"牛棚"出来，一听吓得连连摆手："这些都是封资修的反动东西，我哪能再放毒？"张美娟再三安慰，解释这是为了培养革命京剧接班人，我们都应为之出力。李少春这才放心地慢慢打开了话匣子。在武汉见到关正明，张美娟先叫师兄，起身让座。关正明连称不敢，说您现在是领导了。张美娟马上打断："我永远是您的师妹。"在南京见到王琴生、蒋嘉萍、周云亮等老朋友，张美娟都很亲热。比较有些演员身居高位后，连一起坐科的发小都要叫他"首长"，真是天壤之别！张美娟一路旅途奔波，和大家完全一样，火车坐硬卧，轮船坐普通舱，不乘飞机，不搞任何特殊。且不说她所处的地位，就是论年龄，她提高一个旅行档次也是无可非议的，但她就是不肯。没有人要求她这样做，她这种自觉拒腐、看重情感、淡泊名利的精神至今仍很有现实意义，足以使一些不称职的领导干部汗颜。

"五七京训班"的工作顺利地进行着，计划中要求两年能演出样板戏的目标也实现了，学员们已排演了《红灯记》全剧，创编新剧目《闪闪的红星》也在紧张地排练着，张美娟第一次当领导应该说是相当成功。但当时的上级领导要求学校定期作全面汇报，不但要有业务进展情况，还提醒张美娟要注意阶级斗争的动向，并要求在抓业务工作时必须以大批判开路。

1971年,正是阶级斗争风声最紧时期,继"一打三反"之后,全国又兴起清查"五一六分子"的运动。虽然京训班的任务比较特殊,但也不能偏离阶级斗争的大形势。所以,在开展业务活动之前,也要找几个"反动分子"进行一番革命大批判,像俞振飞等就免不了遭此厄运。张美娟也必须这样做,以适应全国清查运动的形势。以这样的方式教学生们学习其实很不正常,不但耗费了许多教学的宝贵时间,而且增长了学生反常的敌对心理,非常不利于业务学习的进步。当时,教师霍鑫涛公开表示了反感,在不同的场合下说了一些不合时宜的牢骚话,其实,也代表了部分教师的内心思想。

霍鑫涛,原上海京剧院文武老生,自幼拜安徽老生名家赵韵声为师。后被周信芳院长看中,调到上海京剧院,作为重点培养的年轻演员,在现代戏《红色风暴》中主演林祥谦。后又拜周信芳为师,在周院长主演的京剧电影《宋士杰》中饰丁旦。由于他幼年读过私塾,在京剧演员中算比较有文化,经常担任舞台技导。

张美娟很看重霍鑫涛,认为他文武皆能又擅编导,从练功小组到京训班,一直把他作为自己的重要助手,信任有加。在学校里,霍鑫涛主抓京剧业务工作,也应是学校里一个举足轻重的人物。他为人正直,不善掩饰。对京训班的一些做法,内心早有许多不满。鉴于当时的理念颠倒,他又说不出系统的反对理由,也不敢在会上公开表示,于是,各种牢骚语就脱口而出了。当大家在学习毛主席"五七指示",提出"学制要缩短",建议把戏校学生七年学制缩短为两年时,霍鑫涛冲口而出:"两年别说培养好演员,连个喝粥的也培养不出来。"(指《红灯记》剧中饰一个在粥棚喝粥的群众演员)当学生课前按常例要对"牛鬼蛇神"进行批判时,他又愤怒了:"搞这些名堂干什么?这能帮你们学好戏吗?"当学生们对一些有问题的老师不尊重时,他斥责:"你们都爬到老师头上来了,老师还怎么教戏?"这些话如果在平时,最多作为牢骚怪话批评批评也就算了。但那时正处在运动风头上,上面正在抓阶级斗争新动向,这些话就被无限地上纲上线了。霍鑫涛成了"出头鸟"撞到了枪口上,"大帽子"一顶一顶地扣了上来:"反对毛主席五七指示"、"包庇牛鬼蛇神"、"破坏革命大批判"等骇人听闻的罪名加到了一起。这还不能算完,因为霍鑫涛只是一个普通

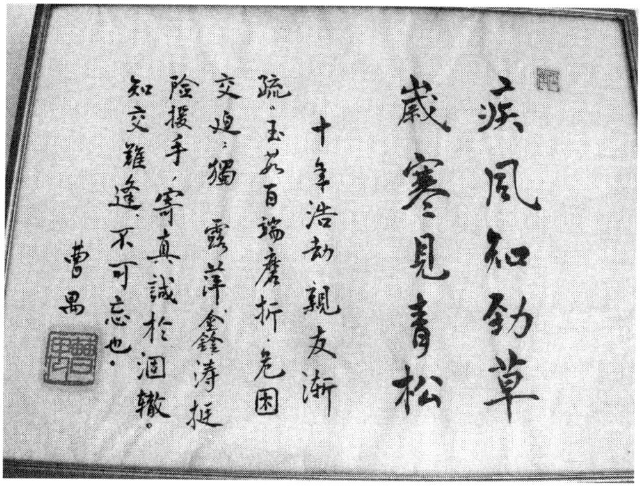

曹禺题字

教师，够不上反动势力代表的资格，最好能顺藤摸瓜，揪出个“走资派”后台，这样就能把“阶级斗争的故事”编得圆满了。于是，军代表找霍鑫涛谈话，严肃地指出他的错误，提醒他上面已经知道了他的言行，要他认真检查并交待问题。霍鑫涛开始紧张了，他曾向张美娟询问：“为什么我随便说说的话上面都会知道？”张美娟告诉他，上面非常重视京训班的工作，任何情况都要定期汇报，并要他端正态度，好好检查。霍鑫涛慌乱起来，心想：如果张春桥知道了此事，那还了得？也许是老戏唱多了，总以为“三十六计，走为上策”。于是，他就选择了实际上是下策的“上策”，竟然不辞而别，悄悄地逃走了。很快他就在松江火车站被抓住了。这一来问题就复杂了，按当时的逻辑：你没有问题，为什么要逃？学校就对他采取了“隔离审查”的措施。当然，查了很长时间，也查不出什么问题，更没有什么“黑后台”，于是，就将他送回京剧院继续审查，最后也不了了之。但这使霍鑫涛的身心受到了很大的伤害，他的母亲在他隔离期间去世，他也不能在床榻前为老人送行。

“文化大革命”十年浩劫期间，挨整的人不计其数，除了因为党内斗争被整的各层干部和有历史问题的人以外，老百姓中受整肃的大致可分为三类：第一类是确实对“文革”有比较系统的逆反思想，他们大都是知识界的精英，受到迫害是必然的；第二类是平时人缘不太好，因为几句话或一些小事，被人挟私放大而挨整；第三类是撞在运动风头上。在法制不稳定的社会体制下，受惩罚的标准上下起伏极大。霍鑫涛正属于这第三类，所以莫名其妙地倒了霉。后来，李玉茹等当时受害者，对霍鑫涛仗义执言非常感激，曹禺还送他亲笔手书，感谢他当年能帮“牛鬼蛇神”说话。这件事发生在张美娟任校长期间。平心而论，张美娟一直很器重霍鑫涛，赞赏他的业务能力，但她不敢也不能站出来庇护霍鑫涛，为此，她在后来也付出了身心俱伤的代价。

张美娟在她最好的年龄时段，个人的艺术生涯戛然终止，政治上却走上了自己想也未曾想过的高位。命运就是这样地作弄人，本来完全可以在艺术上创建更辉煌成就被中断了，莫名其妙地沾边政治，使她后半生始终郁郁寡欢，也失去了再建艺术晚霞工程的机会，一代武旦皇后的人生轨迹竟然走得如此跌宕，真是令人感慨。幸好在1975年，为了毛主席的需要，有关方面组织摄制了一批优秀传统折子戏，计有《斩黄袍》、《空城计》（李宗义）、《红娘》、《辛安驿》（赵燕侠）、《盗仙草》、《小放牛》（刘秀荣）、《古城会》、《独木关》（高盛麟）、《卖水》（刘长瑜）、《辕门斩子》、《连营寨》（李和曾）、《文昭关》、《珠帘寨》（马长礼）、《断桥》（杜近芳）、《游龙戏凤》（张学津、刘长瑜）、《打焦赞》、《打孟良》、《打韩昌》（齐淑芳）、《借东风》（冯志孝）、《贺后骂殿》（张曼玲、孙岳）、《巡营》、《罗成叫关》（陆柏平）、《五台山》（吴钰章）、《白蟒台》（张学津）、《卧龙吊孝》、《让徐州》（言少朋）、《十八扯》（童芷苓，刘斌昆）、《雅观楼》（小王桂卿）、《狮子楼》（筱高雪樵）、《罢宴》（孙花满）、《武松打店》（李景德）、《二堂舍子》（关正明，李蔷华）、《长坂坡》（俞大陆）、《汉津口》（高盛麟，袁世海）。担纲主演的都是那时全国最杰出的演员。其中包括了张美娟主演的《火凤凰》、《挡马》、《八仙过海》，使这位武旦名家留下了十分珍贵的影像资料，总算在一定程度上弥补了难以追回的遗憾。这批影片艺术水平之高是现在的京剧演员们很难逾越的，也包括了现在的武旦始终达不到张美娟那样的艺术境界。

四、人生低谷

“世事多反复，萧兰不辨真。”1976年秋，“四人帮”被粉碎。新组建的上海文化局派工作组进驻“五七京训班”，张美娟作为“三种人”被清查。重重地从高处摔下来的张美娟开始真是懵了。她对“四人帮”的政治阴谋活动丝毫不知，也确信自己没有做过什么坏事，所以她抵触情绪很大，无论如何也想不通："我到底做错了什么了？自从参加革命工作以来，一直坚持的基本原则就是听党的话！"而且，创办京训班只是为了培养革命京剧的接班人，也算犯政治错误吗？但是审查工作不会因为她想不通而减低力度，工作组要求她端正态度，老实交待与"四人帮"的关系。真是天晓得！张美娟自担任校长以来，一心扑在学校里，除了迫不得已的会议外，她极少与那些大人物接触，对他们一直敬而远之，成天在一起的只是学校里的老师和学生。说实在的，如果张美娟真想攀高枝的话，机会有的是，实际上她丝毫也不曾有过那样的念头。学校的老师们大多数都为张美娟感到不平，但鉴于当时形势，大家只能采取沉默，但私下里却议论纷纷："幸亏是一贯低调的张美娟，要换一个人，早就挤上贼船了。"仗义执言的沈利群还为此事找过文化局领导，力保张美娟与"四人帮"没有政治瓜葛。但文化局领导则表示：不批判一下不好过关。其实他们心里可能也清楚，张美娟不会有什么问题，但其思维始终摆脱不了政治运动的模式，根本没有以人为本地想一想，这会对张美娟及其家人带来多大的身心伤害，会对当年跟随她忘我工作的许多老师带来多大的逆反情绪。

以政治运动划线，以站队对错决定对人的奖励或惩罚，实在是个非常不好的社会现象。它使普通百姓无端挨整，使一些宵小之徒能够反复地投机，"文革"中就这样不停地折腾，造成了巨大的内耗，老百姓对此厌烦透了。十年浩劫，政治局势动荡不定，"真理"瞬间成了"谬误"，这些其实都是社会原因造成的，而不是因为个人道德的原因。张美娟只是这场政治斗争的牺牲品，是不应该受到整肃的。

审查持续了近一年，张美娟感到十分漫长，对她来说无疑是痛苦的煎熬。她经常在离家不远的洁而精餐馆独自一人闷闷用餐，该餐馆坐账台的服务员是原杭州京剧团的武旦演员杨晓英，她是浙江名武旦刘云兰的学生。她其实早就注意到经常来吃饭的赫赫有名的张美娟，以前觉得这是大名家、大领导，不便"套近乎"。现在见到她常郁郁独坐，想必是落了难，内心非常同情，于是就处处主动热情地照顾她。张美娟平时人缘虽很好，但她沉默寡言、不善交际，非常贴心可以倾吐衷肠的朋友却很少。她在很苦闷时能有这样一个女青年体贴自己，确实很感激。后来接触多了，也知道她是同行，还是刘云兰的弟子，情感上越谈越投缘，于是就认了小杨做干女儿。小杨性格豪爽开朗，与张美娟正好是很合适的互补，两人经常聊天，一定程度上略略消解了她的内心痛苦。随着时间的推移，张美娟也慢慢想开了，不管怎样，“人在矮檐下，怎能不低头”。她开始检查自己的态度，承认错误。她在检查中写道：“我自觉或不自觉地执行了种种方针、路线和具体指示，做了些错事，犯了些错误，感到沉重和内疚。”这样，张美娟终于痛苦地走出了人生道路的低谷。

1978年3月，上海市文化局给张美娟做了个书面审查结论，她总算可以解脱嫌疑，跳出泥坑重新工作了。但结论中措词写得很重，所列的“罪状”也难以让人信服。当然，那时社会上“左”倾思潮仍在弥漫，所以写出这样的审查结论也属正常。时隔三十几年后，我们应当用平和公正的视角，重新审视一下：张美娟那时到底做错了什么？对她的处理是否客观公正？为了让读者全面客观地了解这段历史，先将结论的全文如实录下，附件《关于张美娟同志问题的综合报告》则摘录部分。

中共上海市文化局委员会（沪文委发（78）第137号）

关于张美娟同志审查结论

张美娟同志受到“四人帮”江青的重用，在京训班主持工作期间，忠实积极地推行“四人帮”反革命修正主义路线，对师生员工灌输忠于“四人帮”的教育，多次向江青写效忠信，积极推行反革命的“两个估价”。在所谓反击“右倾反案风”的活动中，张美娟同志几次在报上发表文章，吹捧江青，全盘否定十七年，攻击邓副主席，进一步得到了“四人帮”的赏识。“四人帮”张春桥直接点名把张美娟提升为市文化局革委会副主任、市革会常委、四届人大代表。“四人帮”被粉碎后，她一度情绪抵触，态度不好。经过组织和群众反复帮促，张美娟同志的态度有了转变，交待了自己的问题，并对自己的错误有一定的认识，取得了群众的谅解。目前问题已查清，未发现张美娟同志直接参与“四人帮”及其余党篡党夺权的阴谋活动，因此予以解脱，重新安排适当工作。

下面的附件《关于张美娟同志问题的综合报告》分为三个部分：

一、张美娟同志的主要问题：

（一）张美娟紧跟“四人帮”，“四人帮”重用张美娟（引用时略）

（二）张美娟忠实、积极地推行“四人帮”的反革命修正主义路线：

……张美娟是有多年舞台经验的京剧演员，熟悉京剧艺术传统。但她为了推行“四人帮”炮制的“两个估计”和“文艺黑线专政论”，在教学中排斥京剧艺术传统，完全按“四人帮”的旨意，搞所谓的“声乐革命”、“京武体三结合”等。每年的教学围绕着向“四人帮”汇报演出，搞乱了学校正常的教学工作，影响了艺术教育质量，挥霍了国家大量财富。

张美娟还积极贯彻张春桥“坚决消灭对立面”的黑指示，打击压制不同观点的同志。例如，江青提出“文武兼备”的方针，不少教师在教学实践中发现了问题，提出了不同的看法。张美娟认为是“一股右的思潮”，是京训班开办后“第一次重大路线斗争”，向“四人帮”作了汇报，并以教师霍鑫涛开刀，进行多次批斗，隔离审查。……

二、张美娟同志对自己所犯错误的认识（引用时略）

三、我们的意见（引用时略）

这份当时作出的审查结论，撇开一些令人难堪的用语不说，至少可以说明以下几点：第一，张美娟确实没有参与“四人帮”任何政治阴谋活动，这点上她是完全清白的。其次，张美娟主要问题的第一部分实际上都是与个人责任无关的社会现象。如果这些都算是问题，都要清算，显然与理不通。最后，应当重点谈谈张美娟的第二个问题：“积极地推行四人帮的反革命修正主义路线”。“四人帮”制定的方针、路线应当是一些政治原则，至于“文武兼备”、“声乐革命”、“京武体三结合”只是有关京剧艺术的具体问题，实际上与“四人帮”毫不相关，哪里谈得上“反革命修正主义路线”？这顶帽子扣得有些离谱。更何况这些都是值得进一步讨论研究的学术问题，也谈不上排斥京剧艺术传统。确实，这些是张美娟的想法，而且早就有了思想的雏形。"文武兼备"是她素来追求的高层的艺术境界，像李少春、关肃霜那样的人一直是她仰慕的目标；"声乐革命"问题她也考虑已久，自身的嗓子缺陷使她始终在思考京剧发声的新方法；"京武体三结合"更是她有心得的独创，在《火凤凰》一剧中就有过尝试，那时和"四人帮"还一点也挨不上边。如果说这些都是问题，或者说是"罪状"，还是根据"四人帮"旨意办的，真有点近乎荒唐，一定程度上降低了对"四人帮"政治斗争的严肃性。至于霍鑫涛问题，本书上一节中已作了较详细的叙述。客观地说，张美娟作为校长有一定的责任，但在这事件中，她不是主动要整霍鑫涛。笔者采访了当时在校的不少教师及霍鑫涛本人，都没有说到张美娟在其间有什么个人行为，霍鑫涛至今也没有对张美娟显露什么怨恨情绪。也许事隔多年，大家不愿提起这类敏感话题，但从逻辑上看，霍鑫涛一直是张美娟重用的人，从练功小组跟到京训班，还做了部门负责人。如果霍鑫涛是坏人，张美娟不但有失察之过，而且有丧失阶级立场、重用坏人之嫌。她如果有意要整霍鑫涛岂不给自己带来许多麻烦？再说，张美娟历来的性格是与人为善，此事有口皆碑，"打击压制不同观点的同志"的说法也颇为过分。确实，张美娟在这问题上是有一定责任，但"文革"中严重受害者数以万计，极少有过认真的问责。张美娟当然不应作为个案来对待。从现在的观念平心静气而论，上述的问题都不能成立，"罪行"更是无从谈起。当然，那时还处在中共十一届三中全会之前，"左"倾思潮依然相当严重，写出这样的审查结论也属正常，而且张美娟也违心地忍受了这一委屈。但时至今日，面对深受人们尊重的逝者，把这些不该蒙受的污垢认真清洗一次，也是我们后人应尽的职责。

第四章　烛光照后人

一、淡入淡出

十年浩劫，我们国家经过了这一番严重折腾，国力大损，人民饱经苦难。张美娟也同样，曾经显赫的地位没有给她带来什么实际的欢乐，反而成了她挨整蒙受委屈的依据，更重要的是耽误了她今生尚待发展的辉煌艺术成就。说实在的，艺术家、科学家们涉足政坛多数是得不偿失，对社会是重大的资源浪费，对个人更是一个不可逆转的损失，张美娟正是这样一个政治牺牲品。好在她生性淡泊，淡淡地步入政界后，又淡淡地回到了毕生挚爱的京剧艺术岗位。经历了一段漫长难熬的审查后，她被分配到上海戏校从事教育工作，开始了教戏生涯。放弃舞台演出是她痛苦无奈的选择，一方面她知道自己已到知天命之年，身心俱疲，精力上很难达到以往的舞台光彩；另一方面，如果再回京剧院，可能会有一些难以估测的因素使她造成种种的不愉快，淡泊的张美娟做了淡泊的选择，为了自己能度过淡泊的余生。从此，她就开始了专职"园丁"工作，培养了一批又一批京剧青年才俊，继续为京剧事业发展作着无私的奉献，直到她生命的最后一刻。作为一个艺术家，教戏和演戏应该说是同等重要且不可分的两个环节，任何京剧名家，毫无例外地都有自己的传承。张美娟教学方面的贡献丝毫也不逊于她在舞台上的影响。

严格地说，张美娟很早的时候就开始带徒弟了。她最早的学生是她的外甥女明珠，艺名"小张美娟"，在20世纪50年代初就跟着张美娟在各地搭班演出，先到江西上饶京剧团，后到新疆自治区京剧团，成为该团主要演员。另外，50年代上海京剧院的年轻武旦演员田毓珠也曾正式拜她为师，夏月英、王丽君、边美英等均受过她的指点。张的小姑子齐淑芳是她最得意的学生之一，齐的许多名剧都是经张美娟精心指点，并根据其自身的条件加以创新发展，现已成为一代武旦名家。另外，还有南通京剧团的武旦演员李海燕，中国京剧院的刘琪、李丽，上海昆剧团的王芝泉，上海京剧院的吴江燕、王健英、方小亚等均受过张美娟的指点和教诲。自她正式到"五七京训班"，后又转入上海戏校教戏后，许多学生均在她精心培育下先后成长起来了。开始是周萍、倪小蒙、赵京茹、陈蔚以及广西京剧团的满秀云等一批80年代渐露头角的武旦演员，最后，她精心培养了史敏，从开蒙初学直到成为年轻的中国京剧之星，整个成长过程都倾注了张美娟老师的心血。正是由于她的辛勤耕耘，她的学生陆续成才，为京剧武旦行当的发展作出了新的贡献。

二、教学生涯

常言说得好："是金子总会发光。"张美娟不但在舞台上技艺超群，在教学上也是匠心独具、硕果累累。上海戏曲学校是全国培养京剧人才著名学校之一，该校毕业的学生已达到全国一流水平的演员大体有李炳淑、杨春霞、齐淑芳、方小亚、史敏、王佩瑜等，这些一流名家中大约近一半是张美娟的学生。这一事实足以说明：张美娟不但全力以赴地教戏育人，而且在教学方法上也一定有过人之处。

张美娟与王芝泉（左一）和齐淑芳（右一）

张美娟教学的勤奋、敬业精神是有口皆碑的，她自从到戏校承担教戏任务以来，经常日夜和学生们在一起练功说戏。不但毫无保留地倾其所有，而且不顾自己的伤痛，经常带病工作。这一切只是能培养出好学生的先决条件，更重要的是张美娟的教学有自己独特的理念和风格。

她对学生的严格表现在每一个细节上，从学习到生活，事无巨细地严格管理。在学习上，她要求学生们刻苦认真；在生活上，她要求学生们简朴淡泊。她认为：这样的做人风格是学好戏的基础，而且必须从一点一滴做起，丝毫也不能懈怠。她对学生的要求、规定得很具体，例如：早功训练不能迟到，生活上不能奢侈，同学之间不能斤斤计较等。但她的严格完全建立在说理的基础上。她自己以身作则，作为这样一个大名家，她严格遵守纪律，言必信行必果，生活上从不刻意打扮。另外，她对学生从不发火、斥骂，坚持事事处处说理。学生们对张美娟既感到敬畏，又觉得亲切，确实是心服口服。教戏时，她也同样重视每一个细节，一招一式都不放过，这一风格与她的艺术见解、艺术素养是完全有关的。她认为，在舞台上最重要的是突出整体的美感，正像画画、写字一样，整幅中不能有一处败笔，所以每一个动作都必须舒展、到位，不应有任何瑕疵。她要求学生们，从开蒙学戏做最简单的动作起，都要认真、规范、漂亮。有些演员做高难动作相当出彩，但在细小处却松松垮垮，她认为，这样的风格即便是绝活再多，也终究不能成为大名家。强调整体美，强调武戏文唱、文武并重，重视舞台上每一个细

张美娟在教学生

节，既是张美娟演戏的风格，也是她教戏的风格。

京剧武戏演员的基本功就是形体训练，教师对形体训练的理念正确与否，不但影响到学生未来的表演功力，而且关系到学生身体的生长发育。以前的武功老师训练未成年学生腰腿功时往往会有这样的误区：儿童在未发育时腰腿功一定要练得狠，只有幼功狠练，将来才有出色的腰腿。更有害的是练功的方式是使腰腿长时间受到纵向挤压力，老师们常强调板“朝天蹬”时，脚尖一定要对住太阳穴，其实这并不是一个正确的理念。因为任何一个成年人，下肢一般都比上肢长，如果这样的训练，会使下肢和腰部受到过度的挤压，这对学生的正常发育是十分不利的。张美娟虽然也是旧式训练方法的过来人，但她却接受了现代形体训练的理念，沿用了在“五七京训班”中创导的京芭体结合的方法，训练武功强调的是动作舒展，对腰腿训练不强求挤压，跟斗训练也强调“打开”，不提倡“收紧”。她还特别关心学生们发育期间身高的增长，心里常常自我提醒：不要因为练功把学生的个子练矮了。张美娟没有受过现代文化的学习，但在观念上却能如此地紧跟时代，实在是难能可贵，这也是她能成为杰出教师的必要条件。

张美娟教学生练基本功

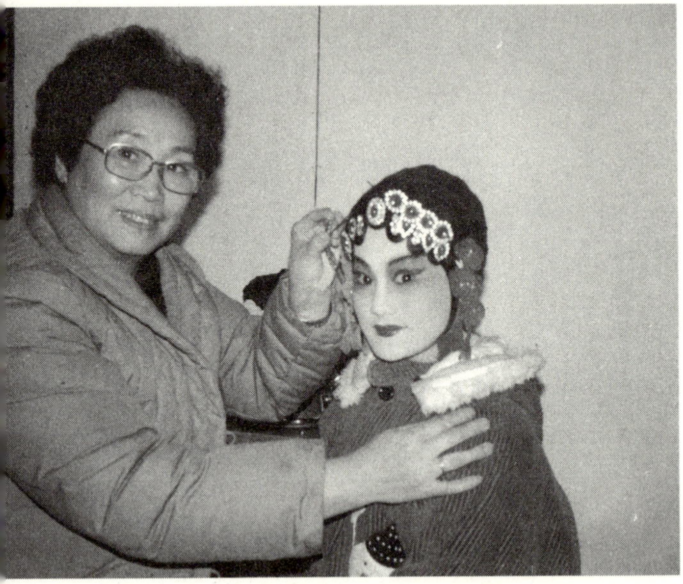

张美娟给学生化妆

有成就的人往往都是信念坚定的人，张美娟在“五七京训班”的一些革新措施虽然已遭批判并备受责难，但这并不是理性的说服，而是政治的压力，她内心从未服气过。既然现在从舞台走到了讲台，她仍然坚持原来的想法，要把未成功的试验继续做下去，“文武并重”、“京芭体结合”等创新原则重新用到新一代学生的身上，取得了明显的实际效果。她还将当年突出武功的节奏训练方法继续沿用，创编了许多身段节拍练习，这样的训练套路直到现在还在戏校武功训练课上应用，这事实的本身就说明了张美娟当年创新的合理性。

张美娟在教学中还有一个显著的特点就是十分重视因材施教，她能细致地观察学生的特长，以扬长避短的形式使各个学生能力得到最大限度的发挥。以她两个最出色的学生齐淑芳和史敏为例，两人都在不同程度上得到了张美娟的真传，但她们的艺术风格又各不相同。齐淑芳天生佳嗓，表演充满激情，动作快捷、灵活，爆发力很强，开打勇猛、火爆，张美娟根据她的特点，为她设计的武打强调气势，力求快捷，高难动作很多，给观众以刺激性的享受。教授的剧目侧重武功繁重的《三战张月娥》一类武打戏，以及表演活泼的《铁弓缘》一类的花旦戏。史敏气质高雅，表演含蓄，身材修长，动作舒展、漂亮，武打稳练、干净，张美娟为她设计的武打强调打得巧、打得美，突出表演的整体性，给观众以愉悦性的享受。教授的剧目侧重身段漂亮的《扈家庄》一类的刀马戏，以及雍容华贵的《贵妃醉酒》一类的花衫戏。这样，她们两人的特长均得到了充分的发挥，各自成了有突出风格的一代旦角名家。

张美娟的辛劳、敬业及教学水平很快得到了戏校广大师生的一致公认，大家没有因为她受过审查而抹煞她的教学成果。她在1985、1986、1987年连续三年被评为上海市文化局先进工作者，并获记大功的奖励。在对她的评语中这样写道："在其多年的教学生涯中，一贯勤勤恳恳、一丝不苟，……张美娟同志不怕苦，不怕累，对学生能严格要求，又能耐心诱导，加班加点，从不及个人名利。……""她不保守，不藏私，不留一手，把几十年积累的经验无保留地教给学生，悉心传授，把自己的全部诀窍都交给下一代。"她得到这些评语完全当之无愧。应该想到张美娟当时还背着"三种人"这一本不该背的黑锅，如果不是因为她的工作实在出色，领导们一般不肯把荣誉赐给被认为有污点的教师的。

三、培养史敏

张美娟在戏校已临近退休的年龄，仍然如此拼命地工作，除了由于本身性格所致，更重要的是她有个心愿始终未了，她一心想培养一个自己理想中的学生。她自己有一身卓绝的武功，对文戏也有相当深度的理解，但苦于嗓音条件，不能成为全才型的旦角演员。她的外甥女明珠虽然文武全才，但因偏居一隅，失去驰名全国、位列一流的发展机会。她的小姑子齐淑芳虽已脱颖而出、享誉全国，武旦技艺出众，且有铁嗓钢喉，花旦、青衣均能，但她台风明朗、火爆，艺术风格与自己有距离，仍不完全是张美娟理想中的模型。她一直想物色一个合适的苗子，把她塑造成理想中的自我，圆自己一个梦。

苍天还算公平，张美娟等到了圆梦的机会。有一天，她非常高兴地对干女儿杨晓英说："我班上来了个学生，叫史敏，从小练过体操，身材好，跟斗翻得很好，也能吃苦，眼睛很亮，准是个好苗子。"杨晓英看了提出："人太瘦，脸也偏长。"她马上反驳："人家还是小孩，瘦些练功方便，脸贴上片子正合适，会非常好看。"小杨不得不佩服干妈的眼光，于是，张美娟计划中的全方位训练就开始了。她的武旦班上有好几个学生，其中还有些是本校老师的子弟，张美娟既然相中了史敏，在教学中不知不觉多给了她一些特殊要求，这些细小的迹象引起了一些微辞。个别老师认为：张老师应当一视同仁，如果要有些差别，也应当眷顾本校教师的孩子，为什么会把这些给了非亲非故的史敏？这类想法完全正常，也有社会认同性。但张美娟并不这样认为，她强调的是：有天分的孩子可遇不可求，对其特殊照顾是京剧传承的实际需要，而不仅是个人的事，在此不能考虑私情。所以，她不为所动，坦然地继续给史敏开适度的小灶，并决心要把她培养成为自己理想中的旦角全才。

张美娟的培养工程第一是从艺德开始，她首先要让学生知道，学戏、演戏是人生头等重要的大事，具体地说上课是决不能耽误的。有一次，史敏睡午觉过了头，当她醒来时发现上课快到点了，竟从上铺上一滚摔了下来，而且不顾疼痛，爬起来就往练功房跑。可见，张美娟的要求和规定已深深钉入了学生的内心，小史敏觉得上课迟到是一件天大的事。武旦是个非常吃苦的行当，要出类拔萃的先决条件就是要能吃苦、肯吃苦，张美娟相当重视学生吃苦能力的培养，她上课的训练量经常接近体力的极限，许多学生都觉得受不了，有些甚至练得吃不消哭了起来，也有的要求换班改行当。张美娟默默地观察着史敏，她咬着牙，日复一日地挺了过来，而且还感觉到有了成就的乐趣。张美娟看在眼里喜在心里，但她既不表露，更不轻易表扬，却暗暗地不断增加训练的难度，来考验史敏。练武打，不但要高质量地完成动作，而且一定要最后稳稳地亮住相，一点不合适就重来；教《打瓜招亲》一个出场“趟马”就练了数月。小史敏一次又一次地经受住了“魔鬼式训练”的考验，这不但使她在艺术上打下了扎实的幼功基础，而且在性格上养成了经得起人生坎坷的优良秉性，使史敏受用终身。张美娟为人低调、乐于助人、淡于社会交往的性格也深深地印在史敏的心中。她一直记得张老师的反复提醒：在谢幕、领导接见等场合，尽量不要往中间走，宁肯作“黄花鱼”“溜边”。在舞台上，千万不要摆“角儿”的派头，大小角色都要演，大小事情都要做。在上海戏校时，为了救场，史敏演过《武松打店》的孙二娘；在出访日本演出时，因下手人数不够，她演过《雁荡山》的义兵；在刚到上海京剧院时，每次练完功，她都自己清理场子、收枪，这些都遵循着张老师的教诲。现在，史敏已是驰名海内外的“大腕”，但她也很少出席名利双收的各种演唱会、宴会和领导接见，更不当各类比赛的评委、嘉宾，这也是张美娟一贯身教、言教的结果。

在艺德训练合格以后，关键是要测试艺术上的悟性。张美娟对史敏的基本功是相当满意的，小姑娘腰腿柔韧性强，跟斗翻得好，出手反应很快，分寸感也好，而且还学会了现代武旦很少能掌握的“左右旱水”，更兼有相当好的耐力，已具备了优秀武旦的基本条件。张美娟意识到现在最关键的是要史敏能够深刻理解舞台上的形体美，这不是靠苦练能获得的，必须要培养内在的艺术灵感。对美的理解是个深层次的艺术潜质和素养的问题，不是一个十来岁的孩子能领会得了的，张美娟就从平时一招一式练起，每一个动作一定要求做到位，而且通过比较，让她逐渐理解美的概念。史敏领悟得很快，从模仿到理解，形体动作越来越舒展，呈现出老师要求的自然美，师生之间的教学已达到了默契的程度。形体动作美不是单独静态的，而是始终贯彻在整出戏之中。有一次，史敏在排戏时做了个漂亮的难度动作，由于过分用力，亮相时直喘气。张美娟没有表扬她动作做得好，只是淡淡地说：“上了舞台时你也这么喘吗？”这给了史敏一个很重要的警示：在舞台上一定要处处注意自己的形象美，这一理念始终指导着史敏整个舞台实践。张美娟还把自己独特的对形体美的理解逐渐灌输给史敏，要求学生尽量避免传统的“收紧”动作，强调舒展、放松、形体打开。从史敏现在演出的刀马旦戏中明显可以看出这样的特征，确实让人感到独有的美感。张美娟还让史敏经常测量身高，检测自己的练功方法是否影响正常的身体发育。成人后的史敏身材高挑、体形修长，在武旦演员中极少见，这不能不归功于张美娟训练方法的科学。

“文武兼备”是张美娟培养学生最重要的目标，史敏在武的方面已经表现出极好的潜质，但当时的嗓子非常糟糕。张美娟为此感到相当苦恼，对其是否有希望变好实在没有信心。有一次史敏在排演《打焦赞》时，杨排风学焦赞讲话，她用本嗓大声喊了一声花脸腔。张美娟忽然心头一亮：小姑娘有嗓子！只要找到方法，嗓子一定能练出来，她顿时信心大增，开始寻找可行的途径。这样做已经超出了武旦老师的职责范围，但张美娟不管这些，她一心要把史敏培养成为文武兼能的优秀演员。上海是出京剧旦角的地方，言慧珠、李玉茹、童芷苓等都是剧坛影响深远的艺术家，中年的李炳淑、杨春霞等也是当代旦角的领军人物，上海戏校也有许多相当有经验的旦角老师，要说给史敏找个好老师应该是不成问题的。但张美娟有自己独特的想法，她始终认为当年创导的“声乐革命”是有道理的，希望在史敏身上得到佐证。那是有三种方案可选择，第一是稳健方案，找一位旦角名家帮助史敏练嗓、辅导文戏，即便不成功也不会有什么太多的损失，更不会招致非议；第二是冒险方案，请音乐界的名家用西洋方法练声，这样成功固然好，如果失败，可能毁了史敏，还会引起舆论哗然。考虑再三，张美娟选择了一个折中方案，请了戏校的声学专家卢文勤来教史敏的发声和演唱。卢文勤擅长操琴，又精通梅派艺术，而且当过物理老师，对声学有专门的研究，他训练发声有自己一套独特的方法，上海京剧院旦角名家夏慧华就是卢文勤训练的成功范例。当张美娟带着史敏到卢文勤那里去试唱时，她心中的担心终于有了转机，卢文勤答应收下这个学生，并告诉张美娟，他有把握训练好史敏的嗓子和演唱。经过一番艰难曲折的过程，史敏成功了，她练就了一条很有韧性且耐唱的好嗓子，演唱水平毫不亚于青衣班的同学；卢文勤成功了，他又一次呈现了出色的教学作品，为自己再次创造了一个更好的范例；张美娟成功了，她正确的抉择使自己心爱的学生终于能够培养成了文武昆乱不挡的全才演员。

1985年，上海京剧界举办了一次青年演员武功大赛，40岁以下的演员均可参赛。当时上海的武戏演员人才众多，汤俊良、方小亚等正处盛年，已小有名望。王国建、周萍、赵京茹等一批原京训班的学员，也正在艺术上升期。与之相比，作为才学了三年还没有毕业的学生，十几岁的史敏当然还有不少差距。张美娟积极鼓励史敏报名参赛，并为她精心加工了《挡马》中的一折。这是张美娟极有心得的一出戏，一招一式均教得十分到位，小史敏也学得极其认真，把该掌握的技巧均熟记在胸，而且对人物也有一定程度的理解。在比赛前，张美娟反复提醒：这只是一次实习演出，重在参与，心里只想戏，不要想别的。史敏完全领会了老师的深意，比赛时发挥得极其出色，得到了评委们的一致好评。那时的比赛风气比现在好得多，贿赂、找关系、投人情票等现象极少发生，评委们都比较珍惜自己的声誉，所以评比结果也相对比较公平。最终，史敏、严庆谷两个未毕业的学生荣获大赛的榜眼，这两位少年的名字从此进入了人们的心中，成了颇受欢迎的小童星。张美娟高兴极了，破例送给史敏一瓶香水，以示奖励，可张美娟自己从来也不用这类奢侈品。1986年,史敏在学校正式演出《三堂会审》，这是她青衣戏第一次亮相，也是检验她文戏学习成果的一次重要考试，史敏也演得非常成功。张美娟还发现史敏的嗓子练得很奇特，虽然没有像杜近芳、李炳淑等坤旦那样透亮的音色和十足的水音，但她的嗓音带有磁性，接近男旦的音色，发声演唱均有老梅派的特点。她的演出得到了上海戏校领导和老师们的首肯，文武兼备已有了初步的雏形。高兴之余，张美娟对史敏的要求更严了，训练节奏更加紧了，她暗暗下了决心，一定要把史敏培养成为自己理想中的文武全才的旦角。史敏确实没有辜负老师的殷切希望，她毕业后，很快获得了青年演员电视大奖赛优秀表演奖和中国戏剧梅花奖，并被评为第一届中国京剧希望之星，这些张美娟在生前都看到了，并得到了很大的宽慰。当然，史敏后来在舞台演出中成绩斐然，至今还出在艺术上升期，张美娟泉下有知，应该可以含笑无憾了。

张美娟自从相中了史敏以后，对她倾注了全部心血，不但在艺术上竭尽全力地教导、指点，在生活上、性格培养上都关心着学生的点滴成长，总之，史敏的一切都牵动着张美娟的心。从年龄上讲，她是史敏祖母辈的老人，也确实像奶奶一样关爱着自己的“孙女”。史敏在学校里不但业务出色，文化课也学得很好，张美娟经常为她作文写得好、字写得好而感到自豪，并鼓励她一定要好好学习文化课，明确地告诉史敏：我要求我的学生在各方面都是优秀的。史敏也非常敬重张美娟，当年她是个很有个性的学生，如果学校领导或老师没有以理服人的态度，她就会据理力争。但她唯一怕的就是张美娟，张老师的批评从不厉声厉色，有时甚至轻声细语，但史敏却从不顶撞，因为她深信张老师无论是教戏还是育人，都一定是有道理的。张美娟认真、细致、严格的教学态度，坦诚、正直、无私的道德理念，都深深地印在了学生的心中。史敏对张美娟情感深厚，这是她心

张美娟与学生史敏

中最牵挂的人之一。她分配到上海京剧院后，经常回学校看望张美娟，汇报自己工作和演出中点滴成就。1994年张美娟去美国探亲，史敏十分惦念自己的老师，大年初二，在邮局电话亭里打国际长途问候张美娟，给老师拜年。她在给张老师的信中这样写道："收到您寄来的照片和信，我是那样的惊喜，尤其是看到老师获得了终身艺术成就奖，更是激动不已。老师的照片拍得那么神采奕奕，端庄自然，气质非凡。"张美娟也极其看重这个自己精心培养的学生，20世纪80年代末期，国内出现了出国打工潮，戏校和京剧院有不少演员在京剧艺术滑坡的情况下，经不住外界的诱惑和前途担忧，纷纷改行或出国打工。张美娟是个开明的长者，她认为这些青年的行为完全可以理解，但她却对史敏说："别人改行我觉得可以谅解，但你要是改行，我会非常伤心的。"史敏一直记着这句话，这也是她始终坚守京剧舞台的一个重要精神支柱。

四、最后的绝唱

1986年，张美娟在戏校认真地教着戏，她离开自己心爱的舞台已经有整整20年了。一次偶然的机会使年近花甲的张美娟重登舞台，完成了她一生最后的绝唱《青石山》。那一年，正是原上海戏剧学校"正"字辈同学舞台生活45周年，老同学们相聚上海，准备举行一次纪念演出。45年前的小童星们而今都是耳顺之年的老人，有的已经退休，但大家对这次聚会都表现出很大的兴趣，在国内的同学们绝大多数都到了，多数人都要求在这不寻常的日子中登台亮相，展现自己的夕阳风采。先后到沪的名家济济一堂，老生有关正明、程正泰、汪正华、陈正岩；武生有王正坤；旦角有张正芳、武正霜、陈正薇、陆正红；净角有王正屏、周正礼、王正余、施正泉；丑角有孙正阳、陈正柱；小生有黄正勤、薛正康；老旦有朱正琴；唯一的武旦就是张美娟（张正娟）。一个重要的抉择摆在张美娟面前，她开始时觉得自己年事已高，而且离开舞台也已久，贸然登台唯恐给观众留下一个不好的印象，而且一共只有三场演出，想上台的师兄弟们很多，能不演就尽量不演吧。但师兄弟们都觉得：张美娟不演不行，且不说当年她是戏校十大尖子之一，后来在艺术上又取得了杰出的成就，现在又是老同学中唯一的武旦，说什么也得亮一手。她的师哥、多年的老搭档孙正琦反复劝说，表示虽然自己眼睛不好，也要帮她扔头杆枪，并要和她一起设计出手档子，保证台上万无一失。她的弟弟张正焕也表示要给她打下手，干女儿杨晓英一再怂恿："我从来没有看过干妈台上演出，总不能让我遗憾一辈子吧？"史敏等学生更是盼望亲眼目睹张老师的舞台风采，观众们也翘首以望，希望当年的偶像能重现舞台。众人的瞩目终于激起了张美娟当年的豪情，强烈的舞台欲又被重新唤醒，她同意再度登台，首场主演大轴《青石山》。

2月25—27日，三日的戏码贴出：第一天，《李逵下山》王正屏，《百花赠剑》张正芳、黄正勤，《文昭关》程正泰，《青石山》张正娟、王正坤、孙正阳、程正泰、陈正柱。第二天，《借扇》陈正柱、陆正红，《霍小玉》张正芳、孙正阳、黄正勤，《天霸拜山》王正坤、王正屏，《乌盆记》关正明、孙正阳、周正礼。第三天，《遇皇后》朱正琴、王正余，《巨鼎观画》关正明，《春秋配》武正霜、黄正勤，《清官册》程正泰、周正礼、王正屏。大众剧场门前人头攒动，三天戏票顿时售罄，客满牌高挂，呈现了许久未见的一票难求的情景。

那时正值农历正月，春节刚过，寒气袭人，但戏院内外却热气腾腾，场内满坑满谷，不但观众爆满，圈内人士也几乎都到场观摩。

笔者有幸观看了那场演出，前面的戏出出精彩。王正屏开场先声夺人，张正芳表演细腻动情，程正泰演唱韵味醇厚，为极受关注的大轴作了

张美娟57岁时演出《青石山》

风采依旧

很好的铺垫。《青石山》终于开场了，张美娟扮演九尾狐一出场，台下便报以炸雷般的碰头好。观众们惊讶不已，她风采依旧，气质仍然那样高雅，身段还是那么漂亮。记得当时在场的杨派名家汪正华称赞不绝，并认为当红的一些武旦演员都未能达到张美娟这样的境界。足见她当年幼功之深，舞台艺术之精纯已达到了化境。剧场内的高潮一波接着一波，台上其他的老艺术家也有很好的发挥。孙正阳的王半仙文武并重、笑哏不断，引得观众彩声连连。特别值得一提的是江苏武生名家

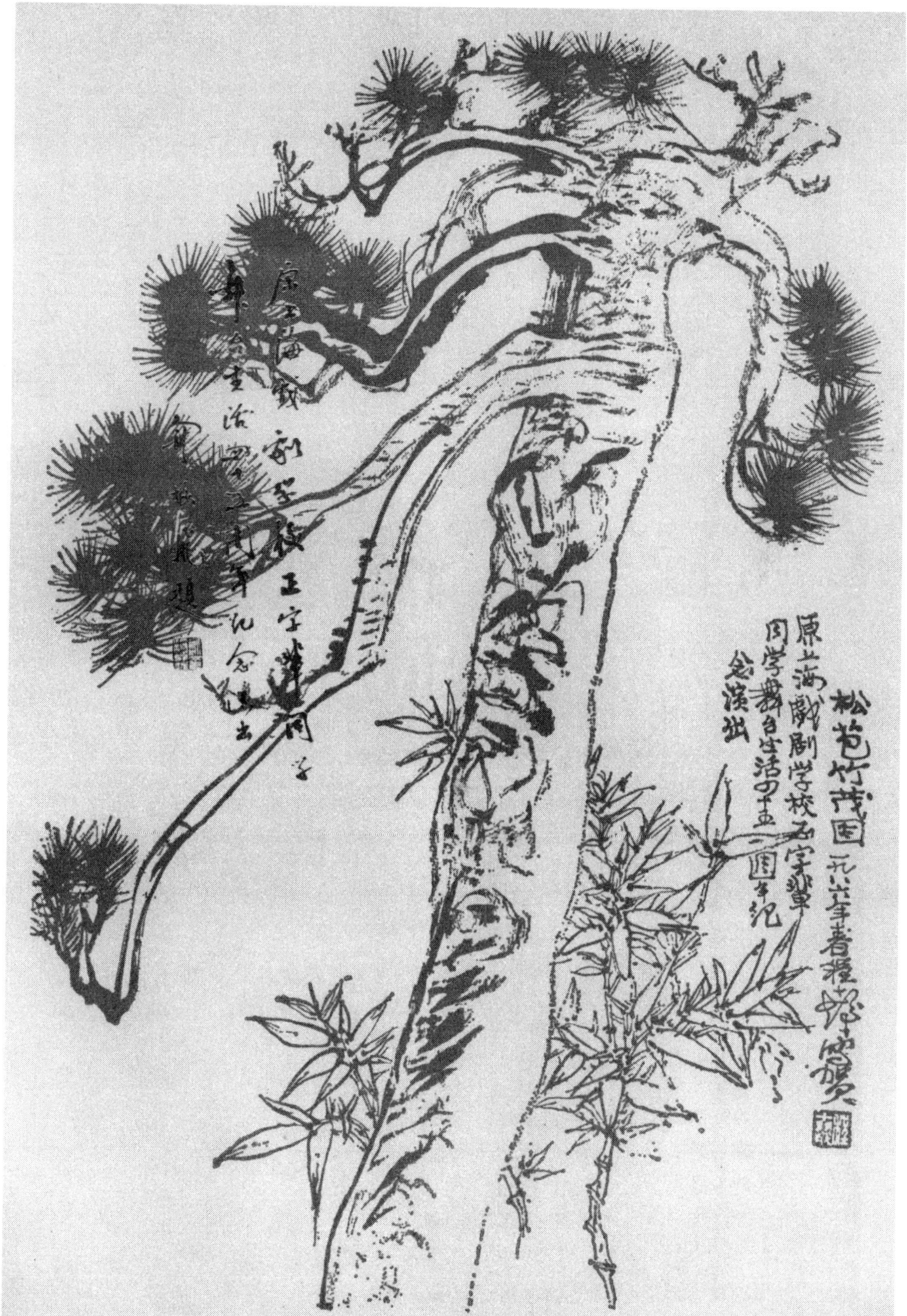

程十发为这次正字辈纪念演出作画祝贺

王正坤，他年事已高且重病初愈，在后台还拄着拐棍、步履蹒跚，大家都担心他上台会有危险。出人意料的是，他扮演关平在台上一亮相，竟然精神矍铄、目光如电，完全是大武生气派。演出到了最精华处，“出手大王”张美娟二十多年后重显绝技，照样满台银枪飞舞，她不慌不忙，手拨脚踢，潇洒自如，没有丝毫失误，最后稳稳地掏翎亮相，全场再次报以经久不息的掌声。豹尾之作出现在全剧将结束时，九尾狐被天兵天将包围，即将就擒，张美娟腾空而起，摔了个又高又飘的抢背。“啊！”观众一声惊叫，继而又一次“炸锅”。在演出前，圈内的朋友们都和她说好：抢背就不要摔了，这把年纪，摔伤了就得不偿失了。但受到台上台下气氛的感染，张美娟竟把这茬给忘了，这一摔，显示了她高度的艺术责任心；这一摔，显示了她宝刀不老、功力犹存；这一摔，无声地告诉大家，这就是张美娟！全剧在雷鸣般的掌声中圆满结束，张美娟频频向观众举手示谢，告别演出取得了十分理想的效果。朋友们折服了：这才是真正的艺术家！学生们被镇住了：世上还有这样的武旦！？观众们感慨着：京剧界要是多几个张美娟，京剧何愁不振兴！

自这次令人难忘的演出后，张美娟辉煌的艺术人生画上了圆满的句

张美娟夫妇在美国与齐淑芳一家

张美娟美国留影

CHINESE-AMERICAN ARTS COUNCIL INC.

456 Broadway, 3rd Floor
New York, N.Y. 10013

Tel. (212) 431-9740, 431-9789

July 19, 1994

Ms. Zhang Mei Juan （張美娟）
Shanghai Academy of Chinese Opera
Shanghai
People's Republic of China

Dear Ms. Zhang:

The Chinese-American Arts Council presents a "Most Outstanding Asian Artist Award"（亚洲最傑出艺人奖）annually at its China Night program at Lincoln Center for the Performing Arts, New York. Recipients are performing artists of Chinese heritage, who have attained through talent and diligence an exceptional level of achievement. Among those so honored are internationally famous Yo Yo Ma, cellist; Fou Ts'ong, pianist; Cho-Liang Lin, violinist and the legendary stars of the Chinese theatre Tong Ji-Ling and Hsu Lu.

It is our great pleasure to inform you, Ms. Zhang that the 1994 "Most Outstanding Asian Artist Award" in the ever entrenching world of Chinese traditional theatre is given to you. Your Life-long dedication to the perfection and preservation of Chinese opera, this unique art form enriches the lives of all those who have been privileged to enjoy your expertise.

The award presentation will be on Friday evening, December 30, 1994 at Lincoln Center for the Performing Arts presented by the Commissioner of Department of Cultural Affairs, New York. We hope you will come to New York in mid December to accept the award. Your husband Mr. Qi Ying Cai are warmly welcomed to come with you. The Arts Council will provide both you and your husband a round-trip ticket and boarding services during your tenure in New York. We firmly believe that your visit will be exuberantly greeted by the long expecting admirers in the United States, which is of great promotional significance, in establishing a positive image for China and in propagating Chinese culture overseas. For the present, we are looking forward to seeing you soon at New York City.

Yours sincerely,

Alan Chow

Alan Chow
Executive Director

张美娟获得的终身成就奖证书

号。其后，史敏也毕业分入了上海京剧院，戏校学生中也找不出潜质极好的尖子可培养。张美娟自感确实老了，1988年9月，她申请退休。1994年，她与丈夫齐英才一起赴美国探望在那里定居的妹妹齐淑芳。那时齐淑芳在美国已有相当的知名度，她领衔的齐淑芳京剧团已在美国各地多次参加艺术节的演出，并将中国京剧融入了美国社会。美国纽约林肯艺术中心经常举行世界性的户外艺术节，齐淑芳和她的伙伴们多次被邀请参加演出。当他们听说齐淑芳的老师、中国武旦艺术家张美娟已到美国访问，郑重决定将该部门颁发的"亚洲杰出艺人奖"授予张美娟，这是继童芷苓之后他们再次对中国京剧演员颁发这类奖项。张美娟开始婉拒，后又表示必须请示领导，个人不能随便领奖。美方反复解释：这奖是授予个人的，与领导无关，并提醒这是他们极其慎重的决定。张美娟心里也明白这奖项的分量，但她认为越重要的事越是要有领导的首肯，这是她一生从未违背的原则。无奈妹夫丁梅魁只好打电话请示上海戏校，请示中国领事馆。当戏校领导表示"这是好事"，领事馆又极力促成时，张美娟才放心地领了这份本该属于她的珍贵奖项。

张美娟一生艺术成就卓著，但在国内并没有得过什么高规格的奖项，比起现在当红的京剧明星拥有数不清的大奖来显然有些寒酸，但苍天终究还要维持公平，遗憾的只是这个大奖颁发者竟然是大洋彼岸的美国人。

五、最后岁月

张美娟退休以后，戏校确实也舍不得这样一个德才兼备的好老师，于是，校领导继续返聘她执教，教一批新的学生。她确实感到自己老了，按以前的方式教戏非常吃力，于是她尽量依靠助理教师王志洁（原"五七京训班"学生）代替动作示范，还请了上海京剧院的田毓珠（她原来的学生）来一起帮忙执教。虽然张美娟已经精力不济，但教学态度还是和以往一样认真，每天上课下来，浑身酸痛，不住地出虚汗。看在眼里的师生们都不住地感慨："这样的活雷锋现在实在不多见了。"有一次上夜课，结束后史敏陪她回家，走到楼梯口，她脚步一个踉跄，要不是史敏扶住，差一点摔了下去。学生们都劝她：不要再干了，返聘的酬劳相当微薄，根本不能与她付出的辛苦相抵。张美娟的内心也非常矛盾，做力不能及的事是非常艰难的，用为时不久的余生再作拼搏值得吗？但是她一生中除了京剧之外，没有其他任何爱好，如果离开了京剧，生活中的方向就茫然所失。因此，张美娟就这样沿着生命轨迹的惯性继续竭尽全力教着戏，老师和学生们知道劝也无用，因为这是她生活延续的唯一支撑。应她的小姑子齐淑芳的反复邀请，1994年张美娟和丈夫齐英才一起赴美旅游。在美国，她人生第一次开始把身心全部松懈下来，丁梅魁、齐淑芳非常热情地接待兄嫂，陪他们游览美国许多地方，张美娟难得地真正享受到了毫无工作压力、无拘无束的欢悦生活。而且，还意外地获得了美国艺术机构颁发的终身成就奖，应该说，这次美国游对她说来真是不枉此行。

愿意过舒适自由的生活应当是人的天性和本能，但张美娟坎坷的一生已经造成了一定心理健康的缺失，无忧虑的惬意生活一久，她倒反而不习惯起来，心里总觉得空荡荡的，还想着学校里的工作和学生。几乎所有真正关心她的人们都劝她好好在美国多放松一段日子，齐淑芳一再挽留，史敏在给老师写的两封信中几次提到希望她在美国多逗留，不要想学校里的事。但张美娟却还是处于身心分离状态。在一次与学校领导通电话中，校方提到：学生们学的那出《虹桥赠珠》还没有完整彩排，希望张美娟早点回来教戏。这也许是领导随口一句客气话，但此意正中她的心怀，于是，张美娟迅速从美国赶回，希望重新回到她习惯的生活中。

刚回国的一个月中，领导再也没有提起让她回学校教戏的事，这使她再次经受了实质意义上的痛苦。这样，张美娟就闲居在家，百无聊赖，感到再度被冷落。这次对她心理上的打击很沉重，面对这样的事实，她想到自己已经没有用了，历来十分自强的她精神上开始感到崩溃。于是，她过量地抽烟、搓麻将，遇到亲近的人，如杨晓英、史敏等时，便发出了令人酸痛的心声：“我真的失业了！”亲朋们都不停地劝她一定要想开一点，每个人都会遇到这样的一天，但把事业当作生命全部的张美娟却受不了，她觉得这样的日子太难过了。人人都有自己的人生观，“闲云野鹤”的生活对“工作狂”一类的人们来说，是一种不可忍受的苦难。

好在这段时间不算太长。一个月后，上海戏校又把张美娟请回了学校，请她继续指导武旦组学生《虹桥赠珠》的完整彩排。但长期的体力透支和心情的郁闷使她身体状况急剧下滑，她每天都觉得疲劳不堪，腹部总感到一阵阵针刺般的剧痛。在丈夫和亲朋们的多次劝说下，她才答应放下工作去医院检查。无情的事实给了所有关心张美娟的人们以沉重的打击：张美娟被确诊为胰腺癌晚期，且癌细胞已大范围转移。张美娟在知道了这一绝望的事实后，她咬着牙，默默地接受了上天给她最后的不公正。在住院期间，张美娟再次表现出她超强的承受痛苦能力，其硬朗程度完全不亚于一个铮铮铁汉。胰腺癌的疼痛是非常难熬的，但她硬是咬牙忍住，不哼不喊，靠几针杜冷丁顽强地度着苦受煎熬的日子。住院期间，几乎天天都有许多亲朋好友、领导同事以及各个时期的学生前来探望，龚学平、马博敏等领导亲临医院探望，李玉茹、李蔷华等老艺术家兼老朋友在病床边拉着她的手不住地安慰，孙正阳、孙正琦等老同学更是强忍悲痛陪着她回忆童年的往事，明珠、杨晓英、史敏等一些晚辈和学生就像亲女儿一样喂食陪夜、床前侍奉。张美娟一生为人正派、诚恳,亲朋、学生们都为这样一个好人尽量延长生命，减少痛苦而不懈地努力着。人们良好的愿望与现实往往很难一致，竭尽全力的挽救也没能留住这位艺术家的宝贵生命，一个多月后，明星陨落，世上再也见不到“武旦皇后”的身影了。

第五章　京剧事业的杰出贡献者

一、对武旦艺术的贡献

张美娟对京剧事业有着杰出的贡献，特别是对武旦艺术的发展起着关键性的作用，这方面的影响力超越了她演出剧目的本身。在此，有必要回顾一下武旦行当的发展历程，从中可更清楚地看到张美娟在武旦艺术发展中的作用。

武旦原本是京剧中的一个次要的行当，它仅扮演从事武事的女子以及女神和女妖。在古代，女子的本分是从父、从夫、从子，德、容、言、工是女子的规范标准。所以，武艺高强的女子属于另类。这样，表现极少数人物的武旦行当自然在旦行中居于相当次要的地位，在较早期的京剧舞台上，武旦演员通常只唱一些开锣戏。在武戏的层面上横向比，武旦当然也不能和武生行当相比，在早期甚至还不如武净和武丑。所以，过去的武旦行当常常是反面角色多于正面角色。这样，武旦在过去的演出班社中通常只有一名，多数演些配角，偶尔演出《摇钱树》这类的开锣戏。

同样表现从事武事的女性人物的另一相邻行当是刀马旦，它与武旦行有一定的区别。从人物身份区分，刀马旦主要表现有一定身份地位的习武女子（如穆桂英、樊梨花等），而武旦则不是；从扮相上区分，刀马旦基本上均需扎靠，而武旦则多数穿短衣；从艺术表演形式区分，刀马旦基本不“打出手”，不强调“踩跷”，但十分强调武打的功架优美漂亮，而且还须擅长表演、念白等文戏艺术技巧，而武旦则要求开打火爆，“打出手”花哨以及各种翻扑技巧的运用，过去的舞台很强调武旦要“踩跷”。在早期，二者曾是有明显区分的两个行当，自从京剧前辈名家宋德珠将武旦、刀马旦融为一体，使这一分界线日趋淡薄，武旦的地位有了一定的上升。现代意义上的武旦行当基本上涵盖了刀马旦，这也是武旦行当能得以较好地发展的重要原因。

但以前的武旦基本上都是男性扮演，在新中国成立前，女武旦还完全没有成气候，以至于张美娟第一次去北京演出时出现了武旦行整体萧条的现象。自新中国成立以来，随着一些道德理念的改变，京剧舞台面貌也有了相应的改变。例如，男女平等、打破封建制度的理念，使得京剧武旦行的地位提高有了一定的社会道德依据，一些降妖戏也变成了女仙子追求爱情的戏。特别是演员们社会地位的本质提高，过去的戏子现在则是堂堂正正的文艺工作者，进入了知识分子的行列，这样，演艺行的繁荣，尤其是女演员的大量增加，为京剧武旦行的发展创造了良好的条件。

一个行当的发展必须有技艺出众的引领人，张美娟正起了这样的开创性作用。她别开生面的高超出手，武戏文唱的艺术境界，新理念的舞台形体美，以及编演的许多武旦为主角的经典剧目，这些都为女武旦行当蓬勃兴起开拓了一条可行之路。另外，她边演出边教学，培养出了一批又一批的杰出女武旦，为行当的发展提供了大量的新鲜血液，可成为名副其实的“武旦教母”。

在张美娟一定程度的影响下，在20世纪五六十年代，涌现出一大批新一代的女武旦，杰出的有刘琪、李丽、梁幼莲、郭锦华、苏稚（中国戏校）、王玉珍、宋丹菊、赵慧英、叶红珠（北京）、王芝泉、齐淑芳、方小亚（上海）、安荣卿、王继珠（河北）、小白玉艳（吉林）等。当这些初开的蓓蕾活跃在京剧舞台上时，武旦行当已不再是边缘化的行当，无论在剧目或者表演上均得到了相当大的发展。

在剧目上，武旦行不再单是演小戏、当配角，许多大轴戏中，设置全本的正戏均由武旦演员担纲，如《佘赛花》（赵慧英）、《雏凤凌空》（李玉芙）、《虹桥赠珠》（刘琪等）、《三战张月娥》（齐淑芳）等，武旦列大轴已不是少见的现象了，而且这些武旦演员在各自的剧团中排位大都列为较前。特别到了20世纪七八十年代，在《三打陶三春》（王玉珍）、《盘丝洞》（方小亚）、《改容站父》（宋丹菊）、《红娘子》（王芝泉）等剧目里，武旦演员则以第一主角身份列在这些大戏中。

在艺术特色方面，这些新武旦首先是清一色的女性，她们基本上继承的是第一代女武旦（张美娟等）的艺术风格。“踩跷”、“拿顶”等武技已基本不见，而“打出手”技巧则有了很大的丰富和发展，“踢枪”从四杆一直加到现在的十八杆枪，形式变化从原有的单腿、双腿踢发展到前后桥踢、高台踢以及各种空中飞踢，甚至还能踢锤，特别在关肃霜发明了靠旗出手后，武旦的出手更是有了质的飞跃。同时，翻扑技巧也有了相当的进步（这当然与废除踩跷有很大的关系），两三张桌的“下高”成了武旦的基本功，甚至还能扎大靠“下高”，“垛子提”、“硬抢背”、“旋子”等武生跟斗在武旦戏中也常运用。特别需要指出的是，这些武旦演员大多数都有较好的文戏功底，“武戏文唱”和“文戏武唱”都能熟练地交替运用。这样，新意义上的武旦行实质上已扩大了它的内涵，不仅打破了武旦和刀马旦之间的界限，而且也冲击着文旦和武旦之间的界限，它已经不是原来意义上的武旦了。

从20世纪八九十年代至今，京剧武旦行的艺术依然在向好的方向发展。不但有上述一批已成名的武旦演员不少仍活跃在舞台上，而且又涌现出一批更新的武旦群体，其数量之多、地域分布之广均胜过前者。较早成名的有李静文（辽宁）、侯丹梅（贵州）、艾金梅（江苏）、李佩红（天津）、田冰（中京）、乔丽（云南）等；后有史敏（上海）、邓敏（中京）、阎巍（天津）、李红艳（北京）等；更年轻的还有阎红羽（天津）、张淑景（北京）、冯蕴（上海）等，这批演员更具有开拓精神和时代气息，表征着武旦艺术的新发展。这些演员中有不少是剧团里的挑班人物，如史敏、侯丹梅、邓敏等，她们不仅常常是大轴主演，而且有表现独特风格为自己量身定制的大戏、新戏，如《扈三娘与王英》、《百花公主》（史敏）、《图兰朵公主》（邓敏）、《巾帼红玉》（侯丹梅）等，显示了武旦的地位较任何阶段都高。更需要强调的是，她们中许多在其他行当中也有相当的造诣，如史敏是梅派大青衣，李佩红是程派大青衣，邓敏兼演青衣、武生，侯丹梅更是青衣、花旦、刀马俱擅的全才旦角。她们允文允武、注重整体舞台气质的特点更接近关肃霜的艺术风格（其中乔丽、李佩红、侯丹梅本身便是关的弟子）。另外，剧目的拓广、出手难度加大、武打的创新都显示了这些武旦群体艺术生命力，也映现了未来武旦艺术的发展方向。

经几代人的努力后，现代武旦的大戏、主角戏日趋增多，艺术要求唱、念、做、打并重。武旦的发展使得旦行文武界限的区分逐渐模糊，似乎成了未来京剧艺术发展的一个方向，在突破文武界限这一点上，旦行比生行倾向更加明显。另外，打出手的技巧不断地创新，使得武旦戏的观赏性大大地增加，也使得武旦行表演的艺术手段日益丰富，这样，武旦行的兴盛甚至至今仍有上升的趋势应是顺理成章的了。自20世纪后期，京剧的滑坡已是业内外公认的事实，但作进一层的细分，笔者认为，男性行当的滑坡远甚于女性行当，特别是丑行、净行，再具体地说，衰落的行当依次应为：文丑、架子花、武丑、短打武生、衰派老生和花旦。相反，武旦行近些年来不但没有衰落的迹象，反而显得日趋繁荣。在90年代梅兰芳金奖大赛中，八名获大奖的旦角演员其中有三名是武旦演员，所占的比例惊人之高。再看近几年举办的京剧电视大奖赛，武旦行始终以一个较大的行当参赛，进入决赛和获奖的人数通常仅次于青衣、老生、武生行。一些中青年武旦，如李静文、史敏、侯丹梅、李佩红、艾金梅、阎巍等，不但是各团的挑梁主演，而且还是戏曲艺术最高奖项——“梅花奖”获得者。这些事实都表明，武旦行在演员数量及其艺术质量均有着相当大的进步，也逐渐提升了它在京剧舞台中的地位。这一切虽然不能说都是张美娟直接影响的结果，但作为新一代女武旦的代表人物，她在武旦艺术上的突出贡献对后来武旦行的发展却有一定关联的。

具体来说，张美娟的贡献可以概括为如下四个方面：

1. 武功技巧：张美娟成名以来，一直以“出手大王”著称，她创造的出手技巧经一代又一代人的努力，至今已是花样繁多，满台生辉。女武旦自从废止了“踩跷”，开打和出手的灵活度大为增加，张美娟开创多杆枪出手、跟斗踢枪以及各种空中飞枪，现在的技巧发展已到了一个崭新的境界。从张美娟时代的八杆枪、十杆枪，现在最多达十八杆枪；从当年的前后桥踢枪，现在已有各种花样的跟斗踢枪，甚至还有高难度的台漫下高踢枪；当年首次出现的“踢双飞”，现在，三踢双飞对年轻武旦来说几乎人人都会，甚至还能转身四踢双飞；其他出手更加新颖、别致，有靠旗出手，快踢空中三枪，踢长锤以及各种空中托举踢枪，新招别出，令人眼花缭乱。目前，几乎人人都在说京剧滑坡，为什么武旦行当会有如此繁荣的现象出现呢？真正的开创性事业是需要开拓者后面有大批的追随者，开路先锋筑开的路一定要不断有人跟着走，而不是只求领导认可，媒体吹捧，然后把数不清的奖项堆放在陈列室里。张美娟的事业属于前者，所以，她的影响和贡献不是几个大奖能与之相比的。

2. 武戏文唱：张美娟几乎对每一个学武旦的学生都说过：一定要打好文戏的基础。这对一个教武旦的老师来说，似乎已有“越位”的嫌疑，但张美娟坚持这样叮嘱学生们。因为首先武旦戏要演得引人入胜，必须要重剧情、重人物，其实，这在一定意义上已把旧舞台上的武旦提高了一个境界。她自己每出戏都这样做，也要求学生们毫无例外地都这样做。用武戏文唱的表演手法演武旦戏，对张美娟年轻时来说，是尝试，是创新。但随着时代演变，现在这几乎成了武旦行的共识。能够为大多数人接受的创新理念，实际上就具有最高的艺术价值，它有着巨大的持续发展空间，对后人有着真正的实际应用价值。

3. 新编剧目：张美娟一生上演过剧目近百出，经她精心编演的武旦戏有：《虹桥赠珠》、《火凤凰》、《盗仙草》、《八仙过海》、《挡马》、《打瓜招亲》、《打焦赞》、《青石山》等，这些剧目基本上都流传下来了。其中《虹桥赠珠》、《火凤凰》、《盗仙草》、《挡马》直到现在仍在舞台上频繁演出，而且，大体上都是按张美娟的路子来演。其余的剧目也以不同的形式或不同的方式做了局部精华保留。这体现出真正有价值艺术的生命力，比起近期有些耗费巨资排演的“大制作”的舞台效果有天壤之别。

4. 突破行当：张美娟学武旦，演武旦，但她内心一直没有把自己归属狭义的武旦行。她对行当的严格界限始终不表示认同，实际上她已冲破了旦角范畴中的行当划分，力求向全才旦角方向发展。虽然，她由于自身的主客观条件所限，并没有像她的好朋友关肃霜那样成为标准的全才旦角，但她在教学中对学生们都提出了这样的目标。她在不同时期最有代表性的三个学生——明珠、齐淑芳、史依弘毫无例外都是青衣、花旦、刀马旦、武旦四门抱的全才旦角。更关键的是她这样的理念得到历史的认同，综观张美娟以后的一代又一代的武旦演员，凡成名者无不是有嗓子、能唱、能表演的。20世纪60年代成名的刘琪、齐淑芳、梁幼莲，70年代的王玉珍、方小亚、艾金梅，80年代的李静文、侯丹梅，90年代的史依弘（史敏）、李佩红、阎巍，21世纪的阎虹羽、张淑景、冯蕴等，她们都挑梁主演过全本的允文允武的大戏，都不是狭义的武旦演员，而是广义上的旦角演员。这一不争的事实证实了张美娟所倡导的艺术理念的正确性和预见性。现在的武旦行当确实已成了广义上的武旦，细微行当的界限逐渐趋于模糊，这是现代京剧的一个新的特征，也是张美娟在五十年前一直坚持的艺术观点。

二、对京剧教学事业的贡献

上海戏曲学校是一所相当有影响的专业戏曲学校，它的教学规范、严谨，并拥有一批造诣颇深的好老师，张美娟就是其中最出色的教师之一。该校另一值得自豪的成就是培养了许多长期活跃在舞台上的优秀京剧演员，特别是像李炳淑、杨春霞、齐淑芳、方小亚、史依弘、王佩瑜这些一流的名家。在这些“大腕”中，我们发现竟有近一半是张美娟的学生，仅这一点就可见她对上海戏校的卓越贡献了。

张美娟对京剧教育事业的贡献，是她独特的教学方法，一个拥有很成功实绩的老师一定有着自己的教戏秘诀。张美娟平时讷于言辞，很少和人谈起自己的经验，也没有人系统地总结过她的教学方法。笔者根据采访和大量资料阅读，简单归纳为如下几点。

第一，基础训练规范化。张美娟历来十分重视武功基础训练，为了让学生牢记练习的要领，她自己创排了一些训练基本套路，配上节拍，甚至音乐伴奏。其中包括水袖组合、花旦手指组合、刀马旦云手组合、腰腿组合等，给学生们反复练习，以便打实形体训练的幼工基础。这些套路直至今天还在被戏校的老师们应用，足见这些方法的实用性和有效性，是简单易行的形体教材范本。张美娟之所以能够创编这类训练行之有效的套路，除了她自身丰富的舞台经验外，还得益于她在“五七京训班”创新性的教学尝试。

第二，培养目标个性化。张美娟非常注意学生们的个性特点，然后根据这些不同特点，分别为学生设计戏路、发挥特长以及确定未来发展方向。在上一章已讲述过齐淑芳和史敏的培养实例，这里再以一个更能说明问题的例子，来论述张美娟因材施教的教学思想。在当年的“五七京训班”有好几个比较优秀的武旦学生——潘瑛、周萍、赵京茹、倪小蒙。潘瑛长着一张娃娃脸，且有嗓子能唱，张美娟委以重任，让她出演新排剧目《闪闪的红星》主角潘冬子，给她体验担纲大戏和全方位塑造人物的感受，后又帮她排演《乾元山》，扮演哪吒，取得了成功；周萍活泼灵动，身材好，双眼很有神，张美娟根据她的条件，精心传授了《打焦赞》，年轻的杨排风形象得到了业内外的一致好评；赵京茹跟斗翻得好，爆发力强，张美娟教授她武旦重头大戏《三战张月娥》，公演时，观众们为这位武旦新秀报以热烈的掌声；倪小蒙表演有气势，靠功好，张美娟教她《战金山》这类的显示身份的刀马戏，也取得了比较好的效果。这充分表现出张美娟因材施教的方法运用得相当成熟，而且非常善于把握学生们的个性特征。

第三，训练理念创新化，许多与张美娟有过接触的老师和学生们都有同样的感觉：她是一个不断求新的教育家，她心中总有这样一个重要的理念，不断地对自己提出挑战性的追求。自她从事教育工作以来，一直提倡用新的科学的理念提高教学质量和运作效率，而且自己身体力行，提出了形体训练和声学改革的崭新的教学思想，经多年来反复实践，取得了一定的成效，在对史敏的培养上充分体现出良好的效果。当然这些革新思想和措施，其正确性和实效性还需要经过大量的舞台实践检验，但其潜在的价值却是难以估量的。

任何一个好的教学方法最终的检验标准就是学生的成才率，张美娟在这一方面是相当过硬的，下面我们就历数张美娟各个时期的学生们和她们各自的艺术成就：

明珠：艺名小张美娟，1938年生，麒派名宿明毓琨的侄女。自8岁起就随其姨母张美娟跑码头演出，边学习边实践，是观摩张美娟演出最多的，也是最早得到她亲身实授的一个学生。新中国成立后，明珠曾在以宋遇春领衔的江西景德镇京剧团任主演，挑梁主演《白蛇传》、《大英杰烈》、《杨排风》等许多大戏，深得当地观众好评。当年她频繁往来于上海和景德镇之间，张美娟只要排演新戏，她都要索取剧本学演。她悟性很强，不但学会了全本《宏碧缘》等大戏，还学了李玉茹的《百花公主》等新戏，并带回当地排演。后随丈夫陈心程调至新疆自治区京剧团任主演，夫妻合作演出了许多传统剧目和新编剧目，在西北地区有相当的声望。她文武皆能，擅演花旦、刀马旦、武旦甚至青衣，她的武戏大都得到张美娟亲自教授，表演很有其师的神韵，是个很有实力的旦角演员，也是张老师的第一个学生。2001年在纪念张美娟教学成果的演出中，她已是72岁高龄，还能登台出演《打焦赞》这样的武旦戏，足见她幼年间的功力基础和对旦角艺术的造诣之深。

张美娟与明珠（左）

明珠《穆桂英挂帅》剧照

明珠《打焦赞》造型照

齐淑芳：1943年生，齐英才之妹，张美娟之小姑子。自幼随兄嫂学艺，得到张美娟的精心指点，打下了扎实的基本功。1957年以插班生身份入上海戏曲学校京一班，师从松雪芳、方传芸等，攻武旦。她学习非常刻苦勤奋，不久便成为该班的尖子学生。1961年毕业，加入上海青年京昆剧团任主演，出演《三战张月娥》一剧，轰动京沪等地，不但得到了毛泽东、周恩来等中央领导的赞扬，还得到京剧大师梅兰芳先生的夸奖。她还擅演《打焦赞》、《盗仙草》、《杨门女将》（杨文广）等剧，深得业内外人士的好评。后参加《智取威虎山》剧组，塑造了小常宝这一经典形象，蜚声全国。在“文革”期间，趁滞留北京演出的机会，向当时闲居在家的名家张君秋、赵燕侠等偷偷学习旦角的唱念，在文戏方面有了长足的进步。1975年，拍摄了京剧艺术片《打焦赞》、《打孟良》、《打韩昌》，堪称传世之作。20世纪80年代后，任上海京剧院主演，后又独自组班挑梁，武旦、花旦甚至青衣戏都能演。常演武旦戏《火凤凰》、《挡马》、《虹桥赠珠》、《三战张月娥》、《青石山》，花旦戏《柜中缘》、《铁弓缘》、《拾玉镯》，以及大型剧目《海珠》、《宏碧缘》、《大英杰烈》、《全部穆桂英》、《白蛇传》、《玉堂春》

等，极受观众的欢迎。1988年移居美国，创建成立“齐淑芳京剧团”，扎根在纽约。二十余年来，演遍美国一百多个城市，使京剧艺术逐步融入了美国社会，对梨园行作出了前人未有的卓越贡献。她的艺术在海外有相当大的影响，2001年获“美国传统艺术最高成就奖”，是唯一获此奖项

齐淑芳《大英杰烈》剧照

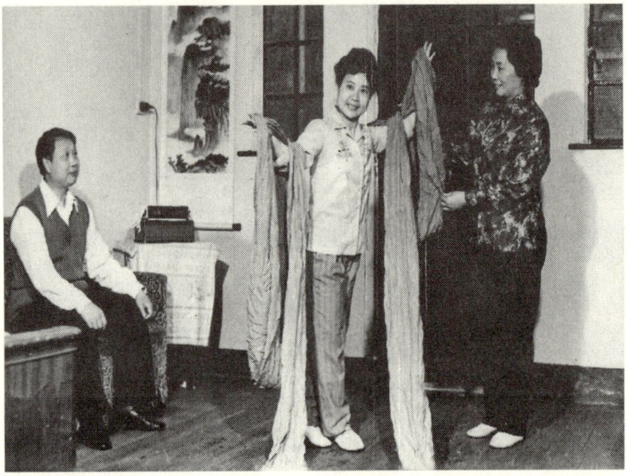
张美娟在家里教齐淑芳

的华裔艺术家，并得到布什总统的亲笔贺信。2007年，应美国国会邀请出席“庆祝美国最高传统艺术成就奖25周年”晚宴，被誉为“美中文化大使”，并专为她拍摄了纪录片，介绍她的艺术生平及在美传播京剧的经历。她幼功扎实，文武兼长，表演极有激情，开打火爆、快捷，很有创新精神和时代感，是一位不可多得的全才旦角演员。

史敏：现名史依弘，1972年生于上海。幼入上海戏曲学校学艺，师从张美娟攻武旦，又随华华、于永华等习花旦，随卢文勤、许美玲等习青衣，在校期间，就获得过上海青年演员武功比赛二等奖，是戏校的全才尖子学生。毕业后入上海京剧院，任主演，又得李玉茹等名家指点，技艺精进。1991年，以《火凤凰》一剧获全国中青年演员电视大奖赛优秀表演奖，1993年与于魁智等六人被评为首届中国京剧希望之星，1994年赴京演出新编以刀马旦为主的大戏，获第十一届中国戏剧梅花奖。1996年入首届京剧演员研究生班，又得杜近芳、刘秀荣、李金鸿等指点，技艺日趋成熟。现为上海京剧院挑梁旦角。在《白蛇传》、《杨门女将》、《昭君出塞》等擅长剧目的表演中，有自己独到的心得和与众不同的特色。常演剧目有《玉堂春》、《穆桂英大战洪州》、《霸王别姬》、《贵妃醉酒》、《西施》、《四郎探母》、《火凤凰》、《虹桥赠珠》、《挡马》，以及新编剧目《狸猫换太子》、《宝莲灯》和现代戏《杜鹃山》、《映山红》、《巴黎圣母院》等。近期又出演昆曲《贩马记》和跨流派的《锁麟囊》，显示出她允文允武全方位的艺术才能。她气质高雅，表演细腻、大方，武功扎实，身段漂亮，在舞台上深得张美娟美的神韵，是一个很有潜质的全才演员。

邓宛霞：1956年生于香港，京、昆剧演员，现任香港京昆艺术协会主席。自幼喜爱艺术，6岁曾入春秋戏剧学校学京剧，又习芭蕾，后留学法国、瑞士从事音乐专业，返港后，重新投身京剧艺术，曾拜京昆大师俞振飞为师。在俞悉心指点下，勤学苦练，打下了较扎实的京昆基础。为了进一步在京剧艺术方面发展，练好形体基本功，她只身来到上海戏校，拜张美娟为师。张美娟十分喜欢这位带有另类色彩的学生，不仅因为她聪明好学、勤奋刻苦，而且她又有芭蕾和音乐的良好基础，很符合张美娟深层次的艺术思想，她希望当年一系列的创新理念——“文武兼备”、“声乐革命”、“京芭体结合”都可以在这个学生身上得以实践。于是，张美娟十分认真地辅导邓宛霞，从基本形体训练直到整出戏排练，她都亲自

张美娟与邓宛霞

张美娟教邓宛霞《挡马》

把关，而且教了她一出一般旦角演员都不敢动的大戏——《大英杰烈》。这位来自香港、出身名门的大小姐有极强的吃苦精神和感悟能力，居然相当完美地攻下了难关。她后来又得李玉茹、杜近芳、陈正薇等名家指点，技艺大进。1991年，以这出名剧赴京演出，荣获了中国戏剧最高奖项——第八届中国戏剧梅花奖。这对香港戏剧界来说不但是空前的成就，直至今日也堪称绝后，这既是邓宛霞的殊荣，也是张美娟的殊荣。在纪念张美娟教学成果的演出中，她仍以这出戏亮相于上海逸夫舞台，表达她对恩师的感激之情。

张美娟与王芝泉（左）

王芝泉：1941年生，昆剧演员，攻武旦，上海戏校昆剧班首届毕业生。她虽不是拜师张美娟的正式学生，但长期受张美娟艺术熏陶和影响。在学校时，她就非常崇拜张美娟，经常观看其演出。在“五七京训班”期间，她作为张美娟武旦教学的副手，始终跟随张从事戏曲教育工作。自离开昆剧舞台后，她接过张美娟的教学接力棒，如今虽年逾古稀，仍老骥伏枥，以永不休止的精神继续在上海戏校教戏，培养了一代又一代的新武旦。王芝泉业绩卓著，是我国培养的第一代昆剧艺术家（她的艺术成就将有专著论述），曾获全国戏曲汇演主演一等奖、第四届全国戏剧梅花奖。她的表演和武打刚柔并济，既漂亮有气质，又火炽新颖难度高，在舞台上非常好看，颇像青年时期的张美娟。她自己这样说：“我就是一个没拜过张老师的张派武旦。”她常演剧目有《白蛇传》、《挡马》、《虹桥赠珠》、《盗库银》、《扈家庄》、《请神降妖》和新编剧目《红娘子》、《无盐传奇》、《三打白骨精》以及武小生戏《乾元山》、《雅观楼》和武生戏《上灵山》。

田毓珠：1935年生，上海京剧院武旦演员，毕业于夏声戏校第五期。先入志愿军娃娃剧团，再转入上海京剧院，1959年拜张美娟为师，是张早年的学生之一。她能演的戏非常多，花旦、刀马、青衣戏都能演，但她戏德甚好，从不争戏，常以跑宫女为任。在《智取威虎山》扮演一句台词也没有的李勇奇妻一角，踏踏实实地干了十几年。晚年曾帮助张美娟在戏校执教。

张美娟与戴蓓蓓（右）

戴蓓蓓：1943年生，上海戏曲学校昆大班学生，攻武旦。毕业后一直留校执教，现为戏校资深教师。她自练功小组起一直跟随张美娟，在学校教授武旦戏，是张美娟得力的助手，也是与张美娟一起工作时间最久的学生。她的教学方法基本继承张美娟衣钵，也有不少成果。最近培养的年仅五岁半的少儿京剧团小武旦周芷如，一出《盗仙草》引起轰动，足见其执教的水平。

李海燕：1949年生，南通京剧团武旦演员。1959年拜张美娟为师，也是她早年的学生之一。李海燕来上海学戏时只有10岁，是一个来自农村的小姑娘，南通京剧团把她作为重点培养的小演员，专程送到上海来学习。张美娟喜欢这个性格朴实、肯吃苦的学生，在繁忙的演出之暇，挤出时间来教戏，甚至还倒贴饭钱，使李海燕后来有了一定的艺术成就。

李占华：上海京剧院旦角演员，毕业于上海戏校，师从曹和雯等。她文武兼修，表演朴质清新，双眼有神。张美娟重点辅导了她一出《铁弓缘》，按当年教授齐淑芳《大英杰烈》的要求，严格把关，使其一炮打红，成为上海京剧院年轻的挑梁主演。

“五七京训班”的武旦演员们：这一班招了许多武旦演员，当时因为在特殊的环境下，也没有明确分行当。由于张美娟担任校长，十分重视基础武功训练，使得许多学员后来都归行武旦。她们是：周萍、赵京茹、潘瑛、倪小蒙、陈蔚等，各有自己的特长和拿手剧目，但均受到张美娟不同程度的影响，特别在艺术思想理念上更有张美娟的痕迹，大都能编善导。虽然她们在特殊时期被迫荒废了京剧基础训练，从演员角度不能达到相当的境界，但部分继续从事京剧艺术工作的同志，在教学上取得了比较出色的成果。

张美娟辅导“五七京训班”学员

张美娟的学生还远不止这些，受她指点和影响的演员们更是不计其数。20世纪60年代成名的一批武旦演员，如刘琪、李丽、郭锦华等，不同程度地都受过张美娟的教诲和影响。还有一些旦角演员，如杨春霞、夏慧华、梁谷音等，都跟随过张美娟训练形体功。总之，“桃李满天下”的比喻用在张美娟的身上完全是恰如其分的。

三、永远活在人们心中

在许多追悼会上，都会出现这样一句话：“×××永远活在我们的心中。”其实这只是场面上的一句套话，要真正做到这点是很不容易的，对大多数普通人，人去情散，过几年就逐渐淡忘了，而张美娟却一直让大家历久难忘，她的艺德和艺魂真正永远印在了人们内心里。

在张美娟身上，首先让大家有强烈感受的是她的艺德。大多数的演员们都知道，在演艺圈里，要有“众口皆碑”的盛誉是非常不易的，但张美娟做到了。提到她，熟悉的人中没有一个说她为人不好，笔者接触过和她有过交往的人群中，统计概率几乎是百分之百，包括当年挨过整的霍鑫涛都如是说。除开一些特殊时期、特定场合可能有些微词和违心之言，但内心怨恨她的人，笔者不但一个也没有见到，而且也不曾听说。在纪念张美娟的座谈会上，与他共事过的唐晋发发言："我只说一句话，张老师是个好人，真正的老实人！"说罢用手掩面，泣不成声。在场的人们无不动容，逝者已离世15年，人格的影响竟能至此！上海戏校老师汤志兴这样说道："张老师经过人生的大起大落，身居高位时是张美娟，走入低谷时还是张美娟，始终保持她本色的人格。"确实，事实就是这样，张美娟在身为上海市革委会常委时，一样为人低调、尊贤重情，和平民一样，丝毫没有飞扬跋扈的官气。她被委屈地作为"三种人"审查后，她也没有成天抱怨不休，或是为迅速改变处境而献媚领导，而是一如既往地兢兢业业教戏，工作态度依然像以前一样认真、积极、无私、忘我，这绝不是普通人能够做到的。在为谋私利曲意媚俗之风盛行的时代，张美娟这样的品格怎能不令人起敬！张美娟诚恳朴实，历来与人为善，这也是众口一词。她说话行事从不有意作伪，而且言必信行必果，大家都相信她。她是新中国成立后很早入党的老共产党员，一贯积极响应党的号召，但她在党倡导的一次又一次频繁的政治运动中从来没有有意整过人。对学生，她更是切切在心，不但非常出色地做好分内的教学工作，而且关心着学生的一切，包括道德、生活，就像关爱自己的孩子一样，希望学生们全面成长，成为未来真正的角儿。她在公众场合下极少发怒训人，但学生们对她既尊重又惧怕，这种不怒而威的气质必须有高格调的品质作为支撑，张美娟做到了。她给大家留下的还有一个深刻的印象，就是硬朗、顽强，极能吃苦，不管是肉体上还是精神上的痛苦，她都能咬牙挺住。童年时的练功，青年时的学戏；学习文化的困苦，创排新戏的艰难；高处不胜寒的忐忑，矮檐受委屈的煎熬；蜡炬成灰时的心力交瘁，春蚕到死前的病体折磨，无处不体现张美娟铮铮不屈的硬汉性格。这一切令人尊敬的品格都深深地刻在人们的心里，并作为宝贵的精神财富，留给了后人。

对张美娟另一众口一词的评价是：她是一个革新家。这并不是单单局限在艺术领域，而是说在思想精神领域。张美娟身上有一种永不满足的精神，不管在什么环境下都有新的追求。在她整个一生中，总有新的目标激励自己努力奋进。在幼年期间，拼命练功、学戏是她唯一的念想；参加国营剧团后，多排戏多演戏努力工作，苦练绝招；成了名家后，创建艺术新理念，把武旦艺术推向更高境界；当上领导后，考虑全方位创新，改变京剧教学模式；成为专职教师后，悉心培养高层次的全才旦角。就这样，她永不停步，永远有新追求，度过了有价值的一生，给后人留下了永恒的怀念。

在事业上，创造、革新伴随了张美娟的一生，从小的具体技艺到大的艺术价值观，她的人生轨迹中处处显现出艺术匠心独具的痕迹。当她还是个小武旦时，就不停地琢磨打出手的新花样，想到了就刻苦练、大胆演，为丰富武旦表演手段和技巧作出了不可磨灭的贡献。对京剧的武戏，她特别强调要文唱，要打出情感，打出人物内心来，所以，她主张武戏演员必须练好文戏基础，力求文武兼备。对京剧行当，她主张局部性的突破，这样有利于京剧向综合性多视角的方向发展，有利于京剧演员全方位培养。对京剧艺术本身，她不断地尝试走出去、请进来，就是说京剧应当不断地向音乐界、体育界、舞蹈界以及其他一切艺术形式学习，强化其生命力，使京剧艺术的内涵不断丰富并具有时代气息。这些大胆的革新理念，如果出于一位京剧理论家或是研究家，也已经是难能可贵的了。令人惊讶不已的是，这些想法竟出于一位没有正规上过学的职业艺员！这只能说张美娟生就是个永不满足的人，所以，她的生活就是革新，不管在什么样的环境下，她都在想怎样给人生和事业增添新内容。这点精神，也在很大程度上影响了她的同事和学生们，齐淑芳和史依弘都是在事业上永远有新追求的革新家。

人生总是短暂的，每个人追求的生活目标和喜爱的生活方式各有不同。有些人只强调个人的欢乐，而又有些人则想到的是为社会多作贡献。张美娟就是后一类人，她在各个方面都为社会、为事业做到了鞠躬尽瘁，在京剧史上留下了辉煌的一页。虽然她已去世了十几年，大家仍然真诚地怀念这位真正德艺双馨的艺术家。在2010年3月，上海戏曲学校举行纪念京剧表演艺术家、戏曲教育家张美娟的研讨会。在会上，她的亲朋、同事、学生们的发言非常令人感动（发言摘录见本书附录），从中可以感受这位平凡的艺人创造的不平凡的人生，以及她留给社会的深远影响。

附　　录

张美娟发表的文章选编

怀念张美娟

京剧表演艺术家、戏曲教育家张美娟艺术与教育成果总结研讨会发言摘录

张美娟发表的文章选编

成功，来自周总理的关怀培养

1953年的一天，组织上点名要我演出《泗州城》，并要求从戏路唱腔、格式和水母喝水等情节都按传统路子演。接受演出任务后，我心里着急，因为陪我打出手扔枪的助手们都赴朝鲜慰问演出去了。怎么办呢？我只好点了我的兄弟做下手，扔头杆枪；点了人民京剧团的郑连生扔二杆枪。打出手用的是“三人忙”、“四门斗”（老的打出手套式），音乐场面也是现凑的，临时排练倒是认真地一遍又一遍，生怕出错。演出前，因为保密的缘故，根本不知道谁来看戏，我在后台化妆，也不去打听。有个工作人员神秘地问我：“美娟，你知道今天谁来看戏？”我回答说：“不知道。”他悄悄地说：“是周总理！”听说是周总理来看戏，我心里非常激动。从后台偷眼望去，嗬！敬爱的周总理端坐着在观看演出哩。我心里怦怦直跳，但告诫自己，一定要把戏演好，其他都不要想。我兄弟和郑连生更慌了，轮到我们上场，我兄弟由于过度紧张，枪也不扔给我了，又反复三次扔给我，我只得随机应变沉着踢回，在台上我向他使眼神，他却顾不上按原来路子扔枪啦！打完“三人忙”、“四门斗”一套出手，下来翻过场，居然一杆枪也没掉，这时，我悬着的心才平静下来。

周总理看完演出很满意，向有关领导作了指示。第二天，华东戏曲研究院副秘书长周巩璋特地向我传达了总理对我的鼓励，并指示要我好好地学习，认为我是一个青年，女同志有这样好的武功，能打出手，这是不容易的。应很好地在政治上进步，还要不断地提高业务。我想我是一个名不见经传的普通青年演员，周总理负责国家的重任，公务繁忙，却无微不至地关怀、鼓励，使我深受感动，我决心好好学习，提高技艺。

1954年有一项出国任务，京剧以北京为主，却从上海调我一个人去北京报到，参加排练。事后听说是周总理提名叫我出国，他说看过我的演出，打出手很不错，是个后起之秀的女武旦。过去打出手的都是男武旦，现在让国际上也知道我国的女武旦也能打出手！中国京剧团只叫我一人前去，说打出手的下手北京都有。我却大胆地提出自己的意见：如果只我一人，就不去了。因为配合不好在国外落枪，就会给国家丢脸的！当时，华东宣传部部长夏衍打电话给我，我直率地对他这样讲。有关方面把具体问题向北京提出，结果还是派了我们原来搭档的五个人参加中国文化代表团出国演出。不久，由文化部副部长郑振铎担任团长、上海市委统战部副部长周而复任副团长、作家楼适夷任秘书长、戴爱莲任艺术指导，京剧演员李少春、李和曾、袁世海、叶盛章、黄玉华、茹元俊和我、齐英才、孙正琦、贺梦梨、王岭森等，舞蹈演员舒巧、李仲林，歌唱家蔡绍序、董爱琳、周碧珍，琵琶演奏家卫仲乐、笛子演奏家陆春龄、唢呐演奏家任同祥等，可谓集中了中国第一流的艺术家组团出国访问印度、缅甸。

我们到达印度的第二天，尼赫鲁总理在他官邸的花园里接待了我们，他的女儿英迪拉·甘地夫人亲自担任接待总负责。我们在新德里、孟买、马德拉斯、加尔各答演出，受到热烈的欢迎。事先我们了解印度观众是不轻易鼓掌的，觉得“好”，往往轻轻摆一摆头。没想到，我们的每次演出，观众不但轻轻地摆头，而且还不断热烈地鼓掌。在印度演出一个半月以后，代表团访问了缅甸，先后在仰光、毛淡棉、勃生等城市演出。很多地方与印度一样，在礼堂、广场演出，人民都可以来看戏，有的还爬到大树上去看，影响很大。吴努总理看完我们的演出非常喜欢，提出要发给我们三个金质奖章。这给领导出了难题，中国文化代表团一行63人，其中拥有著名第一流艺术家如戴爱莲、卫仲乐等，他们精湛的艺术在国内外久负盛名，三个金质奖章给谁好呢？经过大家出点子、想办法，终于想出了好办法，由郑振铎团长向吴努总理提出请他自己来颁发三个金质奖章。吴努总理当着全团隆重地颁发金质奖章，结果出于意料之外，第一枚金质奖章竟颁发给我。我愣住了，以为自己听错了，因为我只是一个普通的青年演员，能够出国演出，已经非常欣喜，根本不作任何争牌子等非分之想的。吴努总理说看了我演出的《泗州城》，打出手很精彩，神奇的踢枪令人目不暇接，太好了！第二枚金质奖章给任同祥，任是来自农村的“土包子”，也是青年演奏员。吴努总理欣赏他演奏的唢呐《百鸟朝凤》，优美动听，似乎有很多鸟在鸣叫。第三枚金质奖章才颁发给李少春，赞赏他在《闹天宫》中演猴王的出色表演。吴努总理说最喜欢这三个节目。

印度、缅甸的访问演出结束以后我们原班人马又赴印度尼西亚访问演出。总的来说，这次出国访问演出，我演的《盗仙草》、《泗州城》都受到了欢迎，其中，凝聚着敬爱的周总理无数心血。当时，所有出国节目周总理都亲自审查，提出修改意见。如对《盗仙草》，我们增加到踢十杆枪，令人眼花缭乱。周总理提出：打出手总是慢腾腾地扔枪、踢枪，也不能像杂技一样卖弄技巧，而要结合剧情显示出神仙在斗法，总之要结合人物而设计。又如《泗州城》，原来是由孙悟空来打水母的，周总理提出：《闹天宫》的孙悟空是争取自由的艺术形象，怎么到了《泗州城》却成了压迫争取自由的水母的反面人物呢？国外观众看了会弄不懂的，会问：孙悟空到底是个什么样的人物？于是，我们立即把孙悟空改为二郎神，避免了一些不必要的误解。有次，周总理与我们一起聊天，问我是哪儿人？我说是河北人。总理说："我看是北方人嘛，南方人不大会打得这样勇猛、打得这样美！"我没有丝毫的拘束，骄傲地说："练的呗！"1958年，我参加了以吴晗为团长的中国戏曲歌舞团，出访英国、法国、比利时、卢森堡等六国，我演出的《虹桥赠珠》，是由《泗州城》修改。在北京演出时，周总理又来审查把关，毛主席也来看了。周总理看完戏对我说："我看过你几次，《泗州城》每次都有修改，越改越好。"此时此刻，我兴奋极了，也得意极了。

可是不久，在1962年开展的大练功中，我苦练"台蛮"，不慎把脚扭伤了。有次重要晚会要演出，我请医生给打"可的松"封闭医疗，演出了《小放牛》。接着，还有舞会，可惜药性已过，脚一拐一瘸的走路都痛，我失意极了，只得请假。没有想到，周总理知道了以后，特地让他的秘书来我家慰问。当时，我住的房子很小，楼梯又窄又陡，让那位秘书很艰难地爬上楼梯，把周总理慰问的话告诉我，使我深受感动。秘书回去向周总理汇报我的住房等情况，正巧在友谊电影院审查上海市戏校赴港节目的晚会上，我有幸又见到了周总理，他对我说："你因为是共产党员，要求进步，就不能住大房子吗？"（据我的体会，是教育我，不能因为要求进步而太苛刻自己）敬爱的总理日理万机，实在太忙了，可是心里还关怀着一个普通演员，偶尔病了，特地派秘书到家里来看望、慰问，发现住房小、条件差，还关心、教育，不要过分苛刻自己。周总理无微不至的关怀，使我热泪盈眶、感动不已。

有一次，李玉茹在剧场演出《红梅阁》，我的四个下把助手都有角色。突然，有重要晚会任务，怎么办呢？剧场早已客满，又快到演出时间啦，只得临时换了四个小青年陈金山等，简单地排练一遍，匆忙登场演出。那晚，毛主席、刘少奇主席、周总理等中央领导都来看晚会演出，结果，由于是现凑的，配合不好，加上那些小青年从未见过这么多的中央领导，心里慌了，十杆枪掉了一台，我急着使眼神，意思是让他们捡起来再扔，谁知他们紧张得顾不上看我的眼神。我只得自己去地上捡枪，他们见我去捡，也忙着过来抢着捡，发生两人夺一杆枪，乱成一锅粥！草草演完戏，我惭愧得无地自容。毛主席首先站起来鼓掌，既是为我打气也是安慰。领导的关怀，使我更加难过得落泪。接着去参加舞会，周总理见了我，说："张美娟，你从来不失手的嘛，今天怎么枪落了一台？"我满腔委屈地诉说："下午五点多才接到晚会任务。剧场正在演出，我的四个下手都参加《红梅阁》演出，只得临时换了四个小青年，因此，造成这样的后果。"周总理颔首，表示同情。随后，他叫京剧院一位负责人去谈话，提出：要重视演员配合默契的重要性，尤其是打出手是个整体，更要配合好，今后尽量不要临时换人。周总理问起落枪的原因，我当时对他不要说隐瞒，连说一句违心的话都不敢，直不笼统地把真情话讲出来了。想不到他把这事如此看重，特地找了有关领导去嘱咐。这件事使我深刻地体会到敬爱的周总理特别体贴我们演员的疾苦。确实，一个合作集体，尤其是打出手更加需要配合默契，配合默契的本身就意味着质量，意味着精益求精。没有这个前提，一切演出成功都将成为泡影。

平生演戏，得意之时太多，失意的事也不少，然而特别值得我怀念的是国庆10周年，周总理亲自决定调我和四个下手到北京去参加国庆晚会的演出任务的那件事。这次盛大阵容的演出，对京剧来说是空前的，共有500个演员上台演出《大闹龙宫》，调动了全北京的京剧演员都来排练。因为，来自很多国家的贵宾，都要观看演出，如苏联的赫鲁晓夫、伏罗希洛夫等。晚会要是演砸了，将是多大的差错啊！李少春扮演孙悟空，演出前心里忐忑不安，东走走西看看，在他旁边另外一个扮好孙悟空的王鸣仲，因为怕李少春身体万一不行，立即顶替上去。这时，王鸣仲也紧跟着李少春亦步亦趋，弄得李少春更加烦躁，冲着老王说："你老跟着我干什么，一边去！"而我呢，在以往的演出中一向冷静、沉着，这次也显得十分紧张，不巧的是在排练中，我的下手伙伴王岭森胳臂脱臼，不能演出，换上了北京的一个武戏演员，重新说戏、排练，思想上增加了负担怕出错。演出前，我先在后台练鞭，练着练着不慎失手，鞭竟砸在水泥地上摔碎，演出时间就要到了怎么办？文化部工作人员立刻开小车到阎世善家里去拿他的鞭借给我演出使用。演出开始了，大家不计名次、齐心合作，全力以赴、上场便火爆炽烈、精彩百出。尤其当开打、打出手时，鼓声隆隆，震撼整个大会堂，银枪飞舞半空、闪闪发光，描绘出神话剧神仙斗法的奇幻世界，赢得各国贵宾经久不息的掌声。翌日，首都报纸刊登国庆晚会的演出盛况，提及李少春、张美娟等演员参加演出，连我二哥张云溪的名字都未上报纸。我大妈笑着对我说："美娟，你的名字上了《人民日报》，你二哥的名字提也没提！"我忙解释："大妈，李少春代表北京，二哥的名字就不提了，我是上海的原因，才提了我的名字吧。"接着，参加国庆10周年隆重、盛大的国宴。席间，周总理前来向大家敬酒，对我说："特地把你调来参加这次盛大晚会的演出，演得不错，来，喝酒，敢不敢干杯？"旁边已有人为我斟了一杯茅台酒，平日我从不饮酒，面对总理叫我饮酒，"长者赐，不敢辞"，我一面说："谢谢总理。"一面仰脖把一杯茅台一饮而尽。总理对戏剧界同行夸赞："张美娟酒量好！"嗣后，在历次宴会上频频有人劝酒，我婉谢不抿，他们就说总理都讲你酒量好。说也怪，那次一口饮干一杯茅台酒，居然不醉，头也不晕，也许心里特别高兴，会驱除酒醉的"威力"吧！

（摘自《倾心相爱时——中国名人得失谈》，四川文艺出版社1992年版）

粉墨生涯五十春

1929年3月，我出生于河北三河县新集。7岁开始，在父亲张德武亲授下练功、学戏。父亲完全是按老的方式教，从严从难。拿顶、下腰，一练就是很长时间，由父亲在旁缓慢地数着"一、二、三……"直到数百，才能起来稍微歇息。至于毯子功、把子功、打快枪、大刀花、耍下场等，更是必练的功课，每天练得汗流浃背、湿透衣衫。一天到晚除了吃饭、睡觉以外，全部时间都用来练功，为今后的学戏、演出、塑造人物奠定了良好的基础。

10岁我去上海戏剧学校插班。因练功进度超过同学，因此，入学就参加排练、演出，专功刀马旦、武旦。由陶玉芝老师开蒙，学的是刀马旦戏《铁弓缘》、《扈家庄》、《战金山》等，与顾正秋、张正芳、朱正琴、关正明等被外界称为"十大尖子学生"。在戏校坐科五年，至1944年离校搭班演出。

搭班初期，在上海、南京、武汉、南昌等地辗转演出。开始我二哥张云溪带了我与张春华、郑冰茹等到武汉演出；后来，又参加李少春的团演出，至南昌我就挑梁演出了。从1947年至1952年，在京沪线一带的城市作较长时间演出，解放后常去天津、北京演出。后来在常州红星京剧团领衔演出。当时，每场都是文武双出，有《花木兰》、《战金山》、《樊梨花》、《杨排风》、《白蛇传》、《穆桂英》、《儿女英雄传》、《贵妃醉酒》、《霸王别姬》、《起解会审》、《龙凤呈祥》、《凤还巢》、《锁麟囊》、《红娘》、《花田八错》、《棒打薄情郎》、《梅龙镇》、《刺惜·活捉》、《天雨花》、《北汉王》、《宏碧缘》、《红蝴蝶》、《吕四娘》、《红梅阁》、《紫霞宫》、《小上坟》、《辛安驿》、《盘丝洞》、《大英节烈》等一百多出戏。其中《红梅阁》、《紫霞宫》、《小上坟》、《辛安驿》等戏，主要是看跷功，有跌扑等高难动作和特技，解放后，废除跷功，不再演出。此外，还反串武小生戏《八大锤》的陆文龙，《周瑜归天》的周瑜，《战马超》的马超，《铁公鸡》的张嘉祥，《天霸拜山》的黄天霸，《法门寺》前部孙玉姣、后部赵廉，《宝莲灯》前王桂英、后沉香等角色。在此期间，曾与不少著名演员合作演出，如1947年梅兰芳、杨宝森、姜妙香、李多奎、杨盛春和我在天蟾舞台演出，由我演《盗仙草》，梅兰芳先生演《金山寺》、《断桥》，1948年在武汉与李少春合作；接着，又在上海与唐韵笙、张云溪、张春华、赵晓岚、高雪樵等联袂演出。在晚会上，曾与盖叫天先生合作演出。盖老指名要我饰演孙二娘一角，陪他拍电影《武松》，后因故未能如愿，引为憾事。与言慧珠、言少朋合作演出。在南京与顾正秋、关正明、孙正阳、汪正华等师兄、师姐合作演出。接着，又与李玉茹、李盛斌、李慧芳、李万春等合作演出。解放后，与周信芳（麒麟童）、童芷苓、言慧珠、李玉茹、俞振飞等合作演出，此后，经常与沈金波、童祥苓等一起演出。

1952年，正式参加华东实验京剧团，从此专唱刀马旦、武旦，经常演出的剧目主要有：《盗仙草》、《虹桥赠珠》、《挡马》、《火凤凰》、《打瓜招亲》、《八仙过海》、《打焦赞》、《打孟良》、《宏碧缘》、《姑嫂比武》、《十三妹》等，这些剧目根据戏曲改革“推陈出新”的方针，经过整理加工，改编出新的，也可以说是代表作。其中，特别要提出的是有幸得到周总理的关怀，当他看过我的演出后，肯定了我的打出手很不错，是个女武旦的后起之秀。过去打出手的都是男武旦，现在要让国际上知道我国的女武旦也能打出手。1954年，安排我到印度、缅甸访问演出，我演的《盗仙草》、《泗州城》、《天女散花》受到欢迎，获得极大的成功。其中，凝聚着敬爱的周总理无数的心血啊！当时，所有出国节目周总理都亲自审查，提出修改意见。如对《盗仙草》，我们增加了踢十杆枪，令人眼花缭乱。周总理提出：打出手以前总是慢腾腾地扔枪、踢枪，也不能像杂技一样光是卖弄技巧，而要结合剧情显示出神仙在斗法。总之，要结合人物而设计。当时，由京剧团领导与演员一起认真修改、设计出手动作，基本上改得优美、合理。《盗仙草》的本子，原来是写白素贞被鹤童打败，哀伤欲绝，南极仙翁赐她仙草，回来搭救许仙。周总理提出：这首先不符合剧名，《盗仙草》顾名思义是凭自己的本事去盗嘛，何必别人恩赐呢！总理提得非常好，我们立即修改为白素贞是力争得到仙草的。又如《泗州城》，原来是由孙悟空来打水母的，总理提出：《闹天宫》的孙悟空是争取自由的艺术形象，怎么到了《泗州城》却成了压迫争取自由的水母的反面人物呢？国外观众看了会弄不懂的，会问：“孙悟空到底是个什么样的人物？”我们立即把孙悟空改为二郎神，避免了一些不必要的误解。周总理高瞻远瞩，十分内行，他的意见使我们获益匪浅！不但本子、打出手，而且在服装方面也要求从人物出发。如我过去演《盗仙草》的白素贞，服装穿白底火团五彩花，钩金线，绣得满满的，头戴小额子绒球较多，毛主席观看晚会演出后指出：白素贞的服装太花哨，不符合她当时的心情。我们觉得非常对，把服装改为白色素花、钩金线、头戴软额子（蛇盔），从此蔚然成风，白素贞的服装都作这样素净的打扮，切实符合白素贞当时当地忧心如焚的心情。至于打出手，我们摒弃了过去那种慢腾腾地扔枪、踢枪，为打而打，脱离人物，单纯卖弄技巧。我们从人物出发，编了很多打出手套数，速度加快，烘托出战斗的紧张气氛，体现出神仙斗法。当时创造了踢十杆枪，左右、前后、双飞、虎跳踢枪及托举半空踢枪，形象化地展示出炽烈的战斗场面，满台银枪飞舞，令人目不暇接，演出时受到同行的赞赏和肯定。

《盗仙草》由于毛主席、周总理的关怀，从剧本、服装到打出手都做到推陈出新，受到肯定。在1954年华东会演中，我荣获演员一等奖。随即参加中国文化代表团访问印度、缅甸演出。全团63人，人才济济，阵容整齐。由郑振铎担任团长，周而复任副团长，楼适夷任秘书长，戴爱莲任艺术指导，京剧演员有李少春、李和曾、袁世海、叶盛章、黄玉华、茹元俊和我七人，舞蹈演员有舒巧、李仲林，歌唱家有蔡绍序、董爱琳、周碧珍，还有卫仲乐、陆春龄、任同祥等，集中了中国一流的艺术家。在印度、缅甸受到了极大的欢迎。当时，缅甸的吴努总理要发给我们三个金质奖章，这给领导出了难题，面对团内众多的第一流艺术家，他们精湛的艺术在国内外久负盛名，三个金质奖章给谁好呢？结果，请吴努总理亲自来颁发。吴努总理当着全团的面隆重地颁发金质奖章。结果出乎意料，第一枚金质奖章竟颁发给我。我愣住了，以为自己听错了，因为我只是一个普通的青年演员，能够出国演出，已经非常欣喜，根本不作任何非分之想，吴努总理因看了《泗州城》，欣赏神奇的踢枪、打出手，因而授予我金质奖章的。我第一次获得国际金质奖章，受到很大的鼓舞！

谈到出国，我第一次出国是1953年初赴朝鲜慰问演出，当时朝鲜战场上，硝烟弥漫，中朝战士的英雄事迹教育了我，赴朝鲜归来不久，我就加入了新民主主义青年团；1954年，当我去福州慰问部队演出归来后，被批准入党了。第二次出国就是上面说的访问印度、缅甸演出。第三次出国是在印度、缅甸访问演出结束后回国，又接到指示，整个团不打散，原班人马赴印度尼西亚访问演出。7月1日在雅加达总统府国家宫首次演出，苏加诺总统观看并饶有兴趣地和我们畅谈京剧演技问题。第四次出国，1956年，以周信芳为团长的上海京剧院访问苏联，我也是成员之一。那次我演出《八仙过海》、《挡马》，也是周总理把关审查，他提出：比以前有进步，打出手熟练，打在剧情中，打出了人物。那次出访，历经莫斯科、列宁格勒等九个城市，演出深受观众欢迎。赫鲁晓夫、莫洛托夫、马林科夫等苏联领导人都观看了演出。第五次出国，1958年以吴晗为团长的中国戏曲歌舞团访问英国、法国、比利时、卢森堡、波兰、捷克斯洛伐克、瑞士等国，京剧演员有言慧珠、俞振飞、李玉茹和我，我演出的《虹桥赠珠》是由《泗州城》修改，前面加了小生，周总理又来审查把关，毛主席也来看了。周总理看完后说，我看过你几次《泗州城》，每次都有修改，越改越好。得到总理的赞许，我心里特别高兴，他肯定的戏，想必会受国内外观众欢迎的。果然，在西欧六国的演出很轰动。第六次出国，1964年，以金仲华为团长的中国艺术团赴西欧访问演出，演员有杜近芳、王鸣仲、齐淑芳、杨春霞和我，另有舞蹈家陈爱莲、崔美善等，我的剧目是《火凤凰》。这次在国务院小礼堂审查剧目，又一次听到周总理的谆谆教导。访问演出在西欧又获得很大的成功。

我先后六次出国，受到国际上的好评。如法国《费加罗报》撰文赞誉我的出手稳、准、狠、美、帅，可以秒的速度来计算，每次踢枪万无一失！西欧其他报刊赞美；白鹭受到火的洗礼，成为美丽的凤凰！《盗仙草》展示了白素贞忠于爱情的内心美。《虹桥赠珠》中美丽的水母争取婚姻自由；《八仙过海》的金鱼仙子不畏强暴，一个女子勇战七男一女。国内很多报纸杂志如《戏剧报》、《文汇报》、《解放日报》等，在50、60年代评论我的艺术及演出的文章颇多。

1975年，我开始涉足影视工作，由上海电影制片厂把我的代表作《虹桥赠珠》、《火凤凰》、《挡马》、《八仙过海》等剧目，先后拍成了电影，对外公开放映。

有人问起我在演员生涯中的趣事，由于我平时性格内向、拙于言谈、不善交际，因此，这类趣事不多。只是记得在与言慧珠、言少朋兄妹合作演出中，言慧珠特烦我在《戏迷家庭》中饰演妹妹一角，穿上漂亮的旗袍、高跟鞋，一改平时穿着朴素的布衣、布鞋打扮，感到很别扭，上台连路也不会走了。有人给我出主意，手里拿着一本杂志，以免手足无措。候场时由于羞涩，不敢迈步出场，结果硬被言家兄妹推出台来，居然得了个“挑帘彩”！尽管心儿扑扑直跳，当着观众竟沉住气，把害羞、怯场都抛到九霄云外，走着台步，唱起“杨宗保”，赢得一阵阵掌声和喝彩声。到底那时只有十七八岁，年轻腼腆，有时显得尴尬，哭笑不得，观众却不以为怪，不断鼓掌喝彩。事后想起，还止不住笑自己当年的窘态。另一次，在与李少春合作中，我唱单出刀马旦或武旦戏，当少春贴演全部《四郎探母》时，我演四夫人，众所周知，这是大青衣应工的，我从来未演过，既然少春看得起，我就演了。当时我年轻，个子矮小，打四郎嘴巴够不着，李少春临时改了动作，顺利地演过去了。虽然我不是本工，但演出认真，循规蹈矩，俨然像个青衣份儿，目的体现突出少春，居然大受欢迎。当然，我刚出上海戏剧学校搭班唱戏，与那些已成名角的大哥、大姐一起演出，相互关系都很好。我总是全力以赴，认真完成演出任务，也见了世面，开拓了戏路。

我的艺术来自人民，还于人民。而且我的个人嗜好是教戏，培养下一代戏曲事业接班人。因此，国内外热爱京剧的，无论专业、业余演员前来求教的，我都教，来者不拒。当我40岁时，已不常在舞台上演出，毅然让台给青年演员，我自己则致力于教学。对于教学，我认真负责，仿佛有瘾似的，即使有病也坚持带病教学，一上课堂就忘却病痛，唱念做打样样示范，直到学生学会做对为止，往往累得浑身大汗淋漓、全身疼痛、瘫软无力。尤其对接受能力强的“幼苗”重点培养、无私奉献，掏心窝把自己毕生的艺术体会倾囊相赠！我从来不对自己的演出剧目保密或据为己有，而是看作社会的共同财富。如当前流传颇广的《青石山》原是一出传统戏，于1985年“正”字辈师兄弟在上海大众剧场汇演时，我演了《青石山》，受到观众的赞赏。齐淑芳来学习、演出，我帮助齐淑芳重新改编本子，设计武打及打出手。齐淑芳演出，方小亚也演出，并都作为出国剧目。昆剧武旦王芝泉近来也演出该剧，同样受到欢迎。

这些年来，我的学生遍布大江南北，最早向我学艺的是我的外甥女明珠，艺名小张美娟，在京沪线一带演出，现在是新疆京剧团的主要演员。第二个学生是我的小姑齐淑芳，从开始练功、教唱、文戏、武戏几十出，打下基础，直到她成名后，每排练新剧目，为她设计打出手、开打的档子，无不倾注我的心血。我把所有的演出剧目《盗仙草》、《虹桥赠珠》、《八仙过海》、《杨排风》、《挡马》、《火凤凰》、《青石山》等全部教给了她，培养她成为武打、出手、演唱、表演等多方面显示才能的优秀演员。还有南通市京剧团的主要演员李海燕是正式拜师的。至于我教学的女学生称得上人才济济，如周萍的《打焦赞》及剑舞是我亲授的，也演得不错，受到好评。近年来，她演戏开窍，在《盘丝洞》中扮演蜘蛛精真身和孙悟空化身，表演上有独到之处，荣获第二届上海白玉兰戏剧表演配角奖。倪小蒙擅演《挡马》、《战金山》，开打勇猛，能打三截棍。李占华文武双全，能演《大英杰烈》等戏。赵京茹擅演《盗仙草》、《虹桥赠珠》、《八仙过海》等剧目。史敏从开蒙到演出，学得最全，基础扎实，《火凤凰》、《盗仙草》、《战金山》等戏都演得不错，经常出国演出，受到国内外观众的赞赏，是京剧武旦的后起之秀。满秀云是广西京剧团的主要演员，专程前来拜师学戏已半年多。香港京昆艺才协会主席邓宛霞，由我传授《穆天王》、《穆柯寨》、《盗仙草》、《金山寺》、《大英杰烈》，她在北京纪念徽班进京二百周年活动中演出《大英杰烈》，靠旗打出手，荣获最近一届“梅花奖”。经我指点的武旦演员有北京刘琪、李丽。由我帮助练功学习的有：王芝泉、杨春霞、马博敏、夏慧华、梁谷音、王健英等。舞蹈界的独舞演员张毅、徐小芳由我传授剑舞，曾获奖。面对这些艺术新苗在茁壮成长，逐渐成为祖国京剧舞台上的主力军，我心里由衷地高兴。时代在前进，社会在发展，剧坛必须出现一代新人，培育这些艺术蓓蕾，为弘扬祖国民族优秀文化，振兴京剧，尽园丁之责，效绵薄之力，义不容辞。当我看到教的学生成批地成为后起之秀，比我自己成功还要高兴，因为世界是属于青年人的，未来充满希望！

我的家庭幸福美满，爱人齐英才也是京剧演员，几十年来，我俩风雨同舟、患难与共。在十年浩劫中，我被批判一直靠边，齐英才受到更大的冲击，下乡劳动，接受审查，我俩总是互相勉励。膝下一子一女，女儿是上海歌剧舞剧院演员，儿子在邮局工作，俱已成家，有孙女、外孙女各一人，工作之余，儿孙绕膝，享受天伦之乐！

（原载《大舞台》1993年第1期，原文由陈文华记录、整理）

《火凤凰》的创作和表演

大概1958年或1959年，上海组织演出团到福建去慰问解放军，由华东局统战部部长陈同生同志担任团长。当时，我带的剧目是《盗仙草》、《杨排风》、《虹桥赠珠》等戏，这些戏陈同生同志都看过，都很喜欢，他对我也很熟悉。慰问演出期间，陈部长在闲聊中，谈到福建有个民间传说《凤凰树》，说的是有个鹭鹚岛，岛上有很多鹭鹚鸟，非常温柔勤劳，后来该岛被恶雕侵占，鹭鹚鸟与恶雕殊死搏斗，牺牲后就变成了凤凰树，热天给人民遮荫做好事。当时，我被鹭鹚不畏强暴勇于斗争的精神所感动，认为这个民间故事可以编成戏。

慰问演出结束，回到上海，与编剧张丙昆同志说起这个故事，他也同意我的看法。这时，陈同生同志生病住在华东医院，我与张丙昆一起去探望他，谈及准备将此故事写成戏。陈也有此意，因为这个题材是爱和平、反侵略的故事。不久，第一稿排练出来了，剧本曾经想用《百鸟朝凤》这个剧名，很好听。当时，请导演张鸣义一起研究、讨论。大家认为剧本内容如果是反侵略，到国外演出，是否太暴露了？百鸟都向凤凰朝拜的场面安排是否妥当？这些都似乎涉及重要的原则问题，谁也做不了主。

有一次，锦江小礼堂舞会，在陪毛主席跳舞时，他关心地问：美娟，你最近在搞什么戏？我把大家关于《火凤凰》的讨论情况向他汇报，并问：剧名叫《百鸟朝凤》名字虽好听，在国外演出时外国人是否会有不平等的想法？毛主席说：群众总要有头，没有头如何领着走？这没有问题。

我们回来和张鸣义研究着干。《百鸟朝凤》的扮相很复杂，各种各样的鸟，要有不同的扮相，很难体现。谈着、谈着，相互启发，我们决定写一个鹭鹚岛，一群白鹭鹚在岛上飞翔、歇息，很优美，很好看，全是白鹭鹚，扮相就不像百鸟那样复杂了。但是，扮相也要与其他一些戏有所区别。我们请幸熙同志设计服装，设想鸟要有翅膀，开始搞的翅膀特别大，连舞蹈带开打。人家有靠旗开打不妨碍，我们设想，用大翅膀，系上腰包，连开打带舞枪、出手，确实有些妨碍。我们与幸熙同志研究改进服装，把大翅膀、腰包，改成小翅膀，每个鹭鹚膀子上都有翅膀，类似今天的蝙蝠衫。舞枪、唱、做、表演、舞蹈、园场，甚至打出手等所有造型、动作都要有鹭鹚飞鸟的造型特征。至于舞蹈设计则以双枪为主，双枪一舞好像两个翅膀在飞，身上动作结合舞蹈，比较开阔，抬腿比原来的伸展，肩比原来武旦要抠一些，放得太开形象就不够美。这样，在形体动作方面有些突破；舞枪、开打、造型方面也有些设想。

开打方面，鹭鹚与秃鹰、小雕对打，这是由于它们来骚扰、侵占鹭鹚的岛屿，鹭鹚抗击，捍卫家园。为了区别过去的开打档子，设计了托举飞人踢枪、踩在秃雕的腿上踢枪，还有虎跳踢枪、过包踢枪、背口袋踢枪、前空翻踢枪等打出手。这些打出手的设想不是凭空想出来的，而是经过反复的苦苦思索，如设想鸟能腾飞，所以设计的托举多。我们的前提是要求与以前的老戏演出有所不同，要有新意。先由领导上提出创作构思，再通过导演与演员一起共同研究，然后再根据鹭鹚、秃鹰、小雕等角色振翅腾飞时各种不同的特点，去设计和练习技巧、动作。飞枪、踢枪、打出手，要求比过去更真实，更有战斗的气氛，但不能让人家看到像杂技，为打出手而打手，不应慢吞吞地打出手。这出戏的出手，突破了《盗仙草》的路子，踢上去的枪，要始终有飞枪在半空飞跃。怎么办？三个人开打用七杆枪，在打的时候，天空中老有一杆枪在腾飞。练的时候下了很大功夫的，合作者贺梦梨、孙正琦、张鸣义与我经常在一起研究，练的过程中，相互出点子、想办法。我们还创造“下饺子”踢枪，甲、乙下手两面陆续扔枪，我就左踢、右踢，上面还有枪飞过，用手挡着；那个枪在底下飞来，再从这边踢过去；又从上面接枪，再扔过去。这种“下饺子”踢法难度比较高，拍电影《火凤凰》，里面用了一点“下饺子”踢法。现在我的学生史敏演出《火凤凰》，开始根本不敢使用这种踢法，目前也只是用了一部分，就是这边踢，这边掏，同时全面进行还没有做到。当时，我与贺梦梨、孙正琦三个人一条心，配合得特别默契。大家同样集中精神，认真扔好，稍微差点都不行。由于我们三人的合作努力，终于把“下饺子”踢枪练成功，的确，在演出时枪飞半空，令人目不暇接，观众是很赞赏的。“下饺子”踢枪，我们在国内演出时经常使用，效果很好，但是，到国外演出，怕不保险，还不敢用，因为难度高，怕失手，即使演得再精彩，万一掉了一杆就砸了！为了保险起见，出国从未用过。

鹭鸶是一种形体优美的鸟类，但性格坚强，勤劳勇敢，建设家园，秃雕屡次来侵犯，它们越战越坚强，秃雕用火烧，鹭鸶越烧越美，变成火凤凰。一稿的鹭鸶是作为牺牲的，死后变为凤凰树，人民到凤凰树下来纪念它。后来该剧目出国演出，一次一次修改，有人说不能让白鹭牺牲，让它越烧越美越坚强，而让侵略者玩火自焚，白鹭经过烈火的锤炼，变成火凤凰，但在舞台上怎样变成凤凰？若当场换衣服，没有这么快，我和导演一起研究，设计了一个替身，换装动作要特别快。当秃雕用火焚烧白鹭时，就由一个小鹭鸶作为替身，替下白鹭下去换服装。就这样，我演白鹭，由王凤莲饰演替身。她的个头、身材与我差不多，而且武功也不错。怎么瞒过观众呢？因为当时烈火焚烧，满台都是红光，当白鹭由火焰们围着下场后，替身拿枪出来背对观众；因烈火熊熊焚烧她，头抬不起来。再在舞蹈上设计一些动作，翻前桥、后桥、倒扎虎、涮腰。通过这些动作，然后，火围着她转，替身下场，我上场，红光转白光，变出凤凰来。由于灯光及安排、设计得巧妙，演出时始终不露破绽。现在学生们演出，不重视配合，容易让观众看出有替身的。一个原因是饰演火焰的演员配合不密切，他们没有把当中的替身包围严实；另一个原因替身自己要求不高，那些舞蹈动作也偷懒不做了，我看他们的演出，破绽都看出来了。又如有的替身，个头比原来的角色矮一截，服装也不换，头饰一装就上去了，灯光也配合得不好，红光不暗。不像过去演出，导演要求严格。过去出国，京剧院领导非常重视，提出艺术质量要求；到了北京，周总理关心，文化部夏衍、周而复部长等都经常来看。各方面都重视，经常提意见，所以，演出要求在艺术上不能有一丝马虎，严格把好艺术质量关。《火凤凰》通过历年多少稿，精益求精，才搞成具有一定艺术水平的剧目。

《火凤凰》原来搞得比较复杂。一开始，台上四个小白鹭在睡觉，一醒来就边劳动、边舞蹈；接着，白鹭鸶出场，头戴鹭鸶盔，身披花披风，代替翅膀，它欣赏自己建设的家园那么美丽，但恶雕却不断来侵犯，为了保卫美好家园千万不能被侵犯，因而发奋图强不断锻炼本领，才能抵御侵略者。这是第一场，比较抒情，比较美观。

第二场，秃雕来侵袭，先是两个秃雕、秃鹫窥视鹭群，垂涎该岛优美如仙山，报告雕王，欲强行侵夺。

第三场，鹭鹚练兵，白鹭练双枪，先是自己练，然后与小鹭鹚一起练，小鹭鹚用的是富有特色的羽形刀，是特地模仿鹭鹚的羽毛形状设计的，像长条叶子样的刀（但是，现在的演出却撇弃设计的叶形刀不用，改用普通的单刀啦，不重视演出质量，多么可惜！）。白鹭舞双枪，有一些鸟形造型动作，舞双枪花、鹞子翻身枪花，耍双脱手扔枪；绕弯子扔枪，上、下扔枪等。这场的武功、出手，由于是练武，动作轻盈优美。

第四场战斗，秃雕前来侵袭，白鹭率小鹭鹚们奋力抗击侵略者，这场开打，要打出鸟的舞蹈动作。原来开打，三个人拿六杆枪，现在增加为七杆枪，有一杆枪始终要飘在半空。开打像飞翔的开打，枪有飞向地面的，有飞向空中的。又如托举踢枪，仰面踢枪，燕子双飞四踢枪，站在雕王身上踢枪，以及仰面窜毛、左右耍花枪等，这些动作都是为了符合鸟的特点，战斗在空中，区别于其他的出手戏。雕王施魔法烧白鹭，火越烧越烈，把白鹭炼成凤凰，结果，火凤凰反将雕王烧死，而白鹭变为凤凰，头戴凤凰盔，越来越美丽。在国外演出至此，灯一亮，白鹭变成的凤凰扮相如此美丽，观众热烈鼓掌，都惊讶怎么变得这么快、这么美？戏一结束，谢幕五六次，甚至七八次。在国内演出，也是这样，观众感到新鲜，与过去的戏不同。这里，白鹭变成凤凰后，有一段舞双绸，用绸子作武器，代表火力，每根绸子二丈四尺，过去长绸在开打中从来没有用过，只有在《天女散花》舞长绸表示一种美，以示天女飞天，飘飘欲仙。但作为武器，和对方交战从来没有过。现在，别人在神话剧中用过长绸，表现水，包括齐淑芳在《海珠》、《金山寺》等剧，全是从我们创作的《火凤凰》中化过去的。

提到长绸舞，绸长二丈四尺，怎么舞得起来呢？开始是从《天女散花》中化出来的舞蹈动作，优美、抒情，但是，这个戏中的长绸是作为武器，而且要与敌人交战的，不能那么抒情，就要有力量。所以要改造一下，吸收《红绸舞》、《飞天舞》的舞姿。他们舞得激烈、花俏、火爆。我们第一次出国，带的《天女散花》，李少春同志讲：人家舞蹈吸收咱们的京剧《天女散花》,舞出外国人很赞赏的《红绸舞》。舞蹈能吸收京剧,咱们京剧为什么不能吸收舞蹈的长处呢?我们不能墨守成规,要再吸收舞蹈的优点,丰富自己。他当时是出国团的艺术指导,说得很有道理。他还说:舞绸子不能完全用真功夫,咱们的艺术要真真假假,你舞起来不容易,内行知道是真功夫,不容易啊!可是,外行看《红绸舞》比你"邪乎"!咚,一下子飞过去,再加弹跳,倒踢紫金冠,跳起来非常容易,又好看。咱们京剧的绸子很美、很柔,只是不"邪乎"!咱们要吸收舞蹈的长处,艺术效果更好。我吸收了这个意见,去向舞蹈演员学习"窍门"。关键在于改善长绸。我就把它用在《火凤凰》的长绸舞上,二丈四尺的长绸端有小棍子握在手上,前面约五尺是双层绸,后面全是单绸,这样舞起来才飘动,所以叫飘飘欲仙,手腕的力量一抬,长绸很便当地就上去了,长绸不再显得软软的啦!不过,这要是给京剧界老师知道,一定不赞成。我们出国就用上了,而且加上细藤,长绸舞起来等于舞双枪似的。耍绸有桃花、雁飞、翻舞、旋转舞绸,这些优美动作的名称还未取,但是,效果却很好。长绸不但能舞,而且还能扫射,得心应手。在与恶雕开打中,用长绸舞动,和武行技巧的密切配合,做了扭丝扑虎抢背,左右旋扑虎、窜毛翻、滚背、案头叠肩、扫堂、旋子、出场过人、串小翻、窜虎跳以及扫倒扎虎、虎跳前扑、水波浪等跟斗。这些技巧动作做起来轻巧、快捷,当我一甩长绸,他们窜毛出去,意味着烈火烧得秃雕东窜西逃。在武打时,我们做到配合默契,没有等待、做作的感觉,具备稳、准、狠、快、美的要求,而且情节合理。每每演到这里,都能博得中外观众热烈的掌声!李少春说得有道理,真真假假,练要练真功夫,但是,演出时改善工具,要用得使外行看不出,又感觉演得好,这就是艺术效果好。但是,如果你搞得很粗糙,让外行看出漏洞,那当然不行!李少春他们见多识广,蛮会动脑筋。记得有次在北京拍戏曲电影时,我看见他给张世麟出点子。张世麟确实练得一身真功夫,演《蜈蚣岭》的武松,带蓬头,披头散发,开打繁重,很累,在耍甩发后,前面有凌乱的头发遮住脸部,形象不好看。李少春、高盛麟与张世麟在后台议论说:你的功夫真神,但是,既要有功夫,也要形象美。如果在蓬发前面用黑丝带扎好,旁边再用黑线扎好,又能耍甩发不乱,形象又美。张世麟接受了他们的意见，拍出电影果然形象好看，头发不乱，甩发也不妨碍。他们三位艺术家都不保守，稍加改动，提高了艺术质量。和这些善于改革的艺术家在一起，使我们获益不少，增加知识，提高艺术水平。

《火凤凰》是个中小型剧目，剧本精练，唱念不多，编剧是张丙昆，于1960年写出初稿，1961年排练、内部彩排，修改了好几稿，为了形象和技巧问题，讨论了推翻重来，反反复复，花了很大力量，最后树起来，在上海演出，比较受欢迎。广大观众相互传说：张美娟又创作了新剧目！当时，这个戏的名字叫《凤凰树》。后来，讨论时，不少人认为：不让白鹭死，而让它百炼成金，越变越漂亮、越坚强，越打越强，最后取得胜利！根据这种意见进行修改后，正式演出，改名《火凤凰》。演出时间三刻钟，每次都放在压大轴演出，很受欢迎。1963年出国，选了这出戏，到北京一住半年，一再排练，由周总理审查，对外演出，听取意见。出国精减时间，最后减到35分钟，演员也不能那么多。过去国内演出，小鹭鹚很多，场面很好看，后来把小鹭鹚和秃雕的人数都精减了，出国时，只有四个小鹭鹚。这四个小鹭鹚，还是人家舞蹈队员扮的，由我们京剧演员教给他们。1964年，出国到欧洲的英国、法国、意大利、德国、比利时、荷兰、奥地利等国演出，成了出国演出的大轴戏。在国外访问演出轰动，各国报纸反映强烈，法国巴黎的费加罗报还有一本画报，全是《火凤凰》的照片，摄影记者在演出前台拍，后台拍，有近的、远的、特写的，整个场面色彩不错。对秃雕（贺梦梨扮演）的造型特写镜头很大，这个造型是用鸟的嘴型化妆，很别致。报纸上称我（张美娟）为白鹭仙子，变了凤凰，飘飘欲仙，越战斗越美丽！烈火锻炼出来的火凤凰更好看！反正用词怎么美丽，就怎么形容。对外介绍，把我称为京剧艺术家、京剧舞蹈家，因为这戏的唱念并不多，舞蹈却很多。除了法国，在英国、德国、荷兰、意大利、比利时、奥地利等国演出也很轰动。记得言慧珠、李玉茹、俞振飞等京剧艺术家也到过欧洲这些国家，但是，观众最喜欢《火凤凰》、《盗仙草》等武打、出手戏，我成为最主要的演员了，因为国外的观众与国内的观众兴趣有时不完全一样，这是没有办法的事。在国外他们对那个演员演的戏印象最深，就找得最多，记者围得最多，送花、照相。

1964年下半年回国后，没有多久，就开始“文化大革命”了，因此，这出戏学的人不太多。后来，齐淑芳改了一改，扩大了一下，加了不少唱，这是符合她嗓子好、能唱的条件，扩大到一个小时的戏。后来，我在戏校教了学生史敏，是按出国路子教给她的。同时，我还拍了《火凤凰》资料片，史敏演出的《火凤凰》，也拍了电视剧。现在各地都想来学这些戏，北京、石家庄、南京都要来学习，听说现在各地都在演《火凤凰》，至于排演得如何，尚不清楚。

近年来京剧大奖赛，某地也有个《火凤凰》参赛，那位演员完全按一般武旦戏来演，没有把《火凤凰》区别于其他剧目。她演的人物、舞蹈动作与我们创排的《火凤凰》都有所不同。演出还是技巧堆砌，耍刀是老的，扔完出手还耍鞭，还对着观众笑。这些都是老的表演方法，不像战斗，人物也不讲究。不过，我只看了一折，全本会不会这样？也可能不会这样。

有人问我：刻苦练功苦不苦？我出身于京剧演员家庭，从小就练功，练基本功是真苦，练跷，脚疼得不得了，倒立、拿顶，一拿就得一刻钟、一炷香的时间，那叫真正的苦！直到现在脚掌上仍有厚茧，非得经常修剪不可，否则难以走路。毯子功，老师要你练多少，就要练多少。成年后，就不觉得苦了，干一行就爱一行，已习惯于苦练，若要在舞台上闪光，非苦练不可，别无捷径！我有一种责任感，要在舞台上对得起观众，要使观众有艺术享受，就得练出绝活，尤其是武的方面更需要勤学苦练，天天坚持，腿、脚、腰、刀枪把子都得练，长年如一日。我的想法很简单，若没有纯熟的技巧，运用自如，舞台上不可能放光彩。因此，不论搞什么戏我都认真排练，累得满头大汗，踢枪，腿上紫一块、青一块，有时，头上打一个包，我都不认为这是什么苦，是正常的事情。作为一个武旦演员，我对出手进行了改革，过去慢腾腾的，毫无战斗气氛，现在强调快，但不是卖弄，而是要符合人物性格，要真实，符合战斗情节、气氛，不能像杂技和技术堆砌。我认为要有创造精神，要善于动脑子，创作新剧目。尤其是还要出国，为国争光，这就是一场战斗，几次出国都是与人家打擂台的，不能给国家丢人，要唱得好，不能砸锅！周总理要我们：只准胜利，不准失败！担子压在身上，创造角色，创作新戏，不能老是这么几个出国剧目。因此，我们努力创排了《火凤凰》，这可以说是我的创作动机。但是，新戏要有新的舞蹈动作，开打、出手、服装、扮相等，《火凤凰》要有鹭鹚的舞蹈和技巧。在创排过程中，要向别人虚心讨教，与合作者在一起研究，加上剧院领导吴石坚副院长的支持，大家团结一致搞好这个戏。我平时最喜欢观摩歌舞、话剧、电影，兄弟剧种的演出，凡有长处能为我所用的，就拿过来再创造，用到戏里。如舞长绸，就是从舞蹈《红绸舞》化成京剧的东西；武术也可以化在刀枪把子里，取人之长，补己之短，化成自己的东西。把子当中的小快枪、大快枪、小五套等刀枪把子都化成新的，不像老一套，都给以再创造，赋予新的内容和战斗气氛。如《八仙过海》中，我饰演的金鱼仙子对张果老、吕洞宾、蓝采和、韩湘子、铁拐李、曹国舅、何仙姑、汉钟离等八仙的打法各不相同，各有特色。这里固然有我自己的创造，也有别人的帮助。我是主演，理应挑重担，晚上失眠，动脑子琢磨舞蹈、技巧、开打、出手，用笔在纸上划来划去，第二天到练功房把图给大家看，有时，当场舞给大家看，听取意见后再修改，不断完善。《火凤凰》站得住、比较完整，是和领导支持、群众帮助集思广益分不开的。在创排《火凤凰》过程中，有时头打出血来，腿打出乌青来，脚扭了走不了道，治好了再练，就怪自己怎么不留心把脚扭了？像腰疼、关节疼、脚腕子疼等，我认为不应该休息，因为休息就耽误时间，影响工作，都要自己克服，这样才能演出好戏来。

（原载《上海文化史志通讯》1993年第25期）

每逢佳节倍思亲——缅怀敬爱的周总理

虽然我已离开舞台，为培养下一代京剧演员而努力工作着，却始终怀念着敬爱的周总理对我的关怀和培养。时隔36年，恍若昨天的事。每想起总理的光辉形象、谆谆教导，我就心情激动，久久不能平复……

那是1953年，朝鲜战场停战以后，国内组织大型慰问团，已批准我再次赴朝演出。但是，由于盖叫天先生要拍摄舞台艺术片《武松》，其中，孙二娘一角决定由我扮演。领导嘱我留在上海待命，华东实验京剧团的其他演员大部分都赴朝慰问演出。当时，周总理在上海，要组织一台晚会，点了我演出《泗州城》。晚会还有小达子（李桂春）的《独木关》以及歌舞节目等，演出地点在文艺会堂。接受演出任务，我心里着急，因为陪我打出手扔枪的助手们全都赴朝了，怎么办呢？我点了我的兄弟做下手，扔头杆枪。打出手用的是"三人忙"、"四门斗"（老的打出手套式），音乐场面也是现凑的，临时排练倒是认真地一遍又一遍，生怕出错。演出前，因为保密的缘故，根本不知道谁来看戏，我在后台化妆，也不去打听。这时，有个文化局的工作人员神秘地问我："美娟，你知道今天谁来看戏？""不知道。"他悄悄地说："是周总理！"我那时只有二十多岁，听说是周总理来看戏，心里非常激动。演出前，从后台望见前座摆着沙发，嗬，敬爱的周总理端坐着在观看演出！我心里怦怦直跳，但告诫自己，一定要把戏演好，其他都不要想。我兄弟和郑连生更慌了。演出中，我兄弟由于过度紧张，枪也不扔给我了，又反复三次扔给我，我只得随机应变沉着踢回，在台上我向他使眼色，他却顾不上按原来路子扔枪啦！打完"三人忙"、"四门斗"一套出手下来翻过场，居然一杆枪也没掉，这时，我悬着的心才平静下来。

周总理看完演出后很满意，向有关领导作了指示。第二天，华东戏曲研究院副秘书长周玑璋特地向我传达总理对我的鼓励，并指示要我好好学习，认为我是一个青年，领导不能光在业务上使用，还要在政治上培养。当时，我迫切要求进步，从1952年8月参加华东实验京剧团仅三个月，尚未到试用期，就批准我参加赴朝慰问演出。朝鲜战场上，中朝战士革命英雄主义的事迹教育、激励着我，黄继光、董存瑞、邱少云的英雄榜样在前，加上与我们一起慰问演出的常宝昆，被飞机轰炸牺牲。我深受无数英雄、烈士的教育，赴朝归来后，立即要求加入新民主主义青年团，接着很快被批准入了团。周巩璋给我传达了总理的话，要我在政治上好好要求进步，同时，还要不断地提高业务。总理认为：女同志有这样的武功，打出手，这是不容易的。周巩璋还提醒我，不要过早地谈恋爱，要以事业为重，晚恋、晚婚，在政治上、思想上各方面都要很好地努力，不能辜负周总理的关怀。我是一个普通的青年演员，周总理负责国家的重任，日理万机，却如此无微不至地关怀、鼓励我，使我深受感动。我在旧社会从小练功、学艺，没有条件读书，我的父亲思想封建，不让女孩子多读书，怕读了书学坏了。聆听总理的指示以后，我深感自己文化不够，买了一些书，如饥似渴地学文化，团内派专人辅导；华东团的一些老同志王明照、邱云芳、吴石坚等对我都很关心与帮助，非常亲切，使我感到很温暖、很幸福。确实，50年代人与人的相互关系如此真诚、热情，亲密无间，直到现在仍牢记难忘。

1954年有出国任务，京剧以北京为主，只调我一人去北京报到、排练，事后听说是周总理提名叫我出国，他说看过我的演出，打出手很不错，是个后起之秀的女武旦。过去打出手的都是男武旦，现在让国际上知道我国的女武旦也能打出手！中国京剧团只叫我一个人去，说打出手的下手北京都有。我提出我的意见：如果我一个人，就不去了，要不然在国外落枪，就会给国家丢脸的！当时，夏衍任华东宣传部部长，他打电话给我，我直率地对他这样讲。有关方面把具体问题向北京提出，结果批下来，还是派了我们原来搭档的五人出国去印度演出。这个团的名字是中国文化代表团，全团63人，人才济济，阵容很硬。由文化部副部长郑振铎担任团长、上海市委统战部副部长周而复为副团长、作家楼适夷任秘书长、戴爱莲任艺术指导，京剧演员有李少春、李和曾、袁世海、叶盛章、黄玉华、茹元俊和我，还有齐英才、孙正琦、贺梦梨、王岭森等，舞蹈演员有舒巧、李仲林，歌唱家有蔡绍序、董爱琳、周碧珍；还有琵琶演奏家卫仲乐、笛子演奏家陆春龄、唢呐演奏家任同祥等，集中了中国第一流的艺术家出国访问演出。

当时，国际上由周总理与尼赫鲁总理等共同倡议提出五项原则不久，影响很大。中国文化代表团受到印度方面的热烈欢迎，到达印度的第二天，尼赫鲁总理在他官邸的花园里接待了我们；他的女儿英迪拉·甘地夫人亲自担任接待总负责，当她接到事先寄去的过于朴素的剧照时，发现没有漂亮的服装，似感到失望。但当飞机到达新德里机场，全团一行63人走出机舱时，男演员身穿西装、女演员都穿着绚丽多彩的旗袍，一个个都很漂亮，她真是喜出望外。代表团在新德里、孟买、马德拉斯、加尔各答演出，参观了塔姬·玛哈尔陵和阿旃陀石窟。整个演出受到热烈的欢迎，事先我们了解到印度观众是不轻易鼓掌的，觉得"好"，往往轻轻摆一摆头，我们注意观众的表情，每次演出，观众不但轻轻地摆头，而且还不断热烈地鼓掌。印度观众非常喜爱《盗仙草》的武打技巧，认为是新奇巧妙的。在印度演出一个半月以后，代表团访问了缅甸。同样地，缅甸也很热烈，先后在仰光、毛淡棉、勃生等城市演出，很多地方与印度一样，在礼堂、广场演出，人们都可以来看戏，有的还爬到大树上去看，影响很大。吴努总理亲自接见，看完我们的演出后表示非常喜欢，提出要发给我们三个金质奖章。这给领导出了难题，试想：中国文化代表团一行63人，其中拥有著名第一流艺术家，他们精湛的艺术，在国内外久负盛名，三个金质奖章给谁好呢？经过大家一起出点子，终于想出了好办法，由郑振铎团长向吴努总理提出，请他自己来颁发三个金质奖章。吴努总理当着全团的面隆重地颁发金质奖章，结果出于意料之外，第一个金质奖章竟颁发给我。我愣住了，以为自己听错了。因为我只是一个普通的青年演员，能够出国演出，已经非常欣喜，根本不作任何非分之想。吴努总理说看了我演出的《泗州城》，打出手很精彩，神奇的踢枪，令人目不暇接，太好了！第二个金质奖章颁给任同祥，任是来自农村的"土包子"，也是青年演奏员。吴努总理欣赏他演奏的唢呐《百鸟朝凤》，优美动听，似乎有很多鸟在鸣叫。第三个金质奖章颁发给李少春，赞赏他在《闹天宫》中演猴王的出色表演。吴努总理说最喜欢这三个节目，因此，发给我们三人。

印度、缅甸的访问演出结束以后回国，又接到指示，整个团不解散，原班人马赴印度尼西亚访问演出，于7月1日在雅加达总统府国家宫首次演出，苏加诺总统出席观看并接见代表团，饶有兴趣地与京剧演员袁世海、叶盛章（李少春另有其他出国任务，由叶盛章扮演孙悟空）和我等长久地讨论了京剧演技问题。接着，在文化剧院和独立广场演出，尤其是露天演出，共有五万人。观众在六小时前就拥向广场，有些人爬到树枝上，有些人坐在汽车顶上。演出结束，观众不断高呼演员的名字，表示热烈赞赏。还到日惹、爪哇岛各大城市、巴里、棉兰、苏门答腊等地访问演出，所到之处，无不受到热烈欢迎。

出国半年，演出结束，回到北京汇报演出。总的来说，这次访问演出，我演的《盗仙草》、《泗州城》都受到了欢迎，其中真是凝聚着敬爱的周总理无数的心血啊！当时，所有出国节目周总理都亲自审查，提出修改意见。如对《盗仙草》，我们增加到能踢十杆枪，令人眼花缭乱，周总理提出：打出手总是慢腾腾地扔枪、踢枪不行，但也不能像杂技一样光是卖弄技巧，而要结合剧情显示出神仙在斗法，总之，要结合人物而设计。当时，由吴石坚团长总抓，与演员一起认真修改、设计打出手动作，基本上改得优美、合理。《盗仙草》的本子，原来先上南极仙翁，最后，白素贞被鹤童打败，哀伤欲绝，南极仙翁怜悯，赐她仙草，回来搭救许仙。周总理提出：这首先不符合剧名，《盗仙草》顾名思义是凭自己的本事去盗嘛，何必别人恩赐呢！我们认为总理提得非常好，立即修改为是白素贞力争得到仙草的。又如《泗州城》原来是由孙悟空来打水母的，周总理提出：《闹天宫》的孙悟空是争取自由的艺术形象，怎么到了《泗州城》却成了压迫争取自由的水母的反面人物呢？国外观众看了弄不懂的，会问：孙悟空到底是个什么样的人物？确实如此，我们立即把孙悟空改为二郎神，避免了一些不必要的误解。周总理对每个出国人员都认识，每次审查演出以后，总要去后台慰问演员和舞美工作人员，连连说大家辛苦啦！临出国前，还请全体出国人员到国务院，由周总理亲自作报告，谆谆嘱咐出国注意事项，“特别要做到内紧外松”，“演出配合默契很重要，如张美娟的打出手，他们自己设计、实验、发展，若不配合默契，不可能取得这样的成绩”。对于在国外的生活上、行动上、工作上都规定得很细致、具体，特别提出要处处注意尊重女同志。至于对齐英才等先期前去印度打前站的同志，另外更详细地嘱咐，设想周全，使人感到特别亲切。有一次，周总理与我们一起聊天，问我是哪儿人？我说是河北人。总理说我看是河北人嘛，南方人不大会打得这样勇猛、打得这样美！周总理待人和蔼可亲，在他面前，我丝毫没有感到拘束，而是一股发自内心的无限崇敬之情。要不是总理的关怀、提携，我是不会有这些成就的。饮水思源，我怎么能忘记周总理的知遇之恩呢?！尤其是1954年我去福州慰问部队演出归来后，被批准入党了！我首先想到敬爱的周总理是我的引路人，我下决心一辈子遵照他的指示，勤奋地为党工作。

1956年，以周信芳为团长的上海京剧院一行74人访问苏联演出前，也是周总理把关看戏。那次我演出《八仙过海》、《挡马》，他提出：比以前有进步，打出手熟练，打在剧情中，打出了人物。那次出访，历经莫斯科、列宁格勒、塔林、里加、考那斯、维尔纽斯、明斯克、高美里、基辅等九个城市，演出深受观众欢迎。赫鲁晓夫、莫洛托夫、马林科夫等苏联领导人观看了演出。1958年，以吴晗为团长的中国戏曲歌舞团，言慧珠、俞振飞、李玉茹和我参加，出访英国、法国、比利时、卢森堡、波兰、捷克斯洛伐克、瑞士等国。我演出的《虹桥赠珠》，是由《泗州城》修改，前面加了小生。在北京演出，周总理又来审查把关,毛主席也去看了。周总理看完后说：我看过你几次《泗州城》，每次都有修改，越改越好。得到总理的赞许，我心里特别高兴，尤其他高瞻远瞩，十分内行，他肯定的戏，一定会受国内外观众欢迎的。果然，在欧洲六国的演出很轰动。当时，国内的《戏剧报》、《文汇报》、《光明日报》都有详细报道。

“文革”开始，我被批判为“三名三高”，一直靠边，直至1969年“练功小组”成立。国庆20周年，我到北京观礼。在天安门城楼上，敬爱的周总理在众多请示、汇报的人群中，一眼看到了我，径直走到我的面前，热情地与我握手，问道：你上哪里去了？怎么一直看不见你啊？我正要向他汇报自己的境况，一旁又有工作人员有要事要请总理决定，周总理只得离开，回过头来说：开过会再详细谈。转天，邓颖超大姐来到上海观礼团住处打听：哪位是张美娟？同来的人把我招来，邓大姐热情地说：总理说你来了，并说在天安门城楼上看见你了，还说了话。可惜事情太忙，谈话给问事的岔开了。今天我来看看你。邓大姐我从未见过，肯定又是出于周总理的关怀，邓大姐亲自来访，使我感到温暖。正思忖间，邓大姐亲切地问：大齐怎么样了？我一愣，这大齐指谁？是指我公爹还是指……邓大姐显然理解我的困惑，明确指出：你的爱人齐英才怎么样了？我说，他当了团长犯错误，成了"走资派"了。邓大姐宽慰我：犯错误怕什么？改了就好嘛！替我们向他问好！在那动乱的年代，周总理、邓大姐还那样地关怀着我，我被深深地感动了，止不住眼眶湿润，哽咽不已。我心里想：生我者父母，知我者周总理。

敬爱的周总理，为祖国和人民操碎了心，鞠躬尽瘁。但周总理您没有死，您永远活在我的心里。每逢佳节倍思亲，值此国庆40周年之际，我无限缅怀敬爱的周总理，祭奠茅台美酒三樽，祝您的英名、浩气千秋长存！

（原载《上海文化史志通讯》1989年第6期，原文由陈文华记录整理）

因材施教重点培养

作为一个京剧演员，我热爱京剧事业，希望它兴旺发达，人才辈出。70年代起，我开始逐渐减少乃至脱离舞台演出，把重点转向教学，培养京剧演员。我的学生很多，主要是戏校的学生，还有不少中青年武旦演员前来请教、学习，我都是认真、尽心教戏，来者不拒。其中齐淑芳、王芝泉、明珠等已是蜚声国内外的著名武旦演员；有的也已成为各地京剧舞台的骨干力量，看到这些新秀茁壮成长，心里感到特别高兴，因为京剧事业后继有人啦！现以史敏为例谈谈教学体会。

史敏是上海戏校京剧班的学生，由我自始至终培养她。刚入校时，史敏的嗓音窄，个头矮，腰腿一般，不是一块上乘的“好料”，但我看她有潜在的聪颖内秀，学习认真，听话、肯钻，有股不达目的不罢休的干劲，作为主教老师的我，当然喜欢这样的学生。于是纳入我的教学组内，给她多讲练功要素、劲头、窍门，并多做示范动作给她看，她能入神地模仿，使我破例提前给她说戏，如《打焦赞》这出戏，有繁重的耍棍、开打、走边等程式，一个暑假，史敏居然全部学会、练熟。一年级下学期开学，当别的同学尚在练功阶段，史敏却向全校师生汇报演出了《打焦赞》，在台上，她居然毫不怯场，把棍耍得挺顺，挺快，左右手反扔花等难度较大的动作都能完成，念白虽有欠缺，但口齿清晰，把一个活泼可爱的小丫环杨排风演得很出色，获得一片赞扬声。作为主教老师，我并没有被赞扬声陶醉，而是“挑剔”，找史敏的不足之处。经过反复观察思考，我发现她的武功有美、冲的潜力，一旦开窍，将还会有很大的发挥余地，只是嗓音又窄又细不够理想。如果只是培养一个普通的武旦演员，将来武的多于文的，也可凑合了，可是我对史敏寄予厚望，要把她培养成为允文允武的全面人才。在学校领导的支持下，我从以下几个方面实施教学：

首先，加强史敏的基本功训练，腰、腿、圆场、把子功等都要扎实，过硬。史敏当时仅十一二岁，小小年纪知“苦”而上。在我组里练功，要求高，一定要达到标准才行，一遍一遍来，冬练三九，夏练三伏，浑身汗湿衣衫。有时扎靠、穿厚底、手执大枪练功，由于难度大，达不到要求，她急得哭了，我看她哭得伤心，心里怪舍不得的，思忖像她这个年龄的孩子，还在妈妈怀里撒娇呢，她却在这里苦练功，难度又大，达不到要求，算了吧，又何必难为孩子呢？可是理智告诉我，每每在这困难时刻，正是成功的前夕，迈过这一步，就会使她进步。因此，我咬咬牙忍住这个“原谅”、“姑息”的想法，而是让她在一旁缓口气，我拭去自己脸颊上的汗珠，为她示范练功……我不断对她说要刻苦练功，不但要下很大功夫，而且要善于动脑子去练，这是拙与巧的区别。史敏很听话，刻苦练功，并且把练的功夫运用到戏里去。她在一年级学会演出《打焦赞》；二年级演出《挡马》。如果说《打焦赞》有耍棍、开打等，《挡马》则需穿戴箭衣、翎子、狐尾、厚底靴，并有繁重的椅子功、宝剑出鞘等玩艺，还要与武丑配合默契来完成这些动作；三年级演出《虹桥赠珠》，有人认为我的演出技巧又多又难，建议在教学中减少技巧，降低难度。我考虑再三，还是完全照我的舞台演出原盘照教，丝毫没有减少技巧，而且根据她年轻、腰腿好的特点，反而加强难度，增加了耍大旗、抄倒翅虎。有人说不要把孩子练伤啦，老实说，我也很担心她练伤，在练功时，我采取逐步加强难度，循序渐进的方法，使她一点点地适应。为了达到练成高难技巧，我们师生俩共同攻克一个个难关，接着又攻更高的难关。事实上，难关并不是轻而易举可以攻克的，有时一个高难度动作她完不成，会掉眼泪，我在一旁温言劝慰，鼓励她再来，别泄气；有时说些笑话，使她轻松一下。每当这时，眼泪尚在眼眶里的她，马上会破涕为笑，接着又抖擞精神按我提出的要求照练不误……

其次，我对史敏采取双轨两课时学戏，既学武戏也学文戏，文戏学了《贵妃醉酒》、《坐宫》、《望江亭》等几出戏，演出效果良好，只是由于个头小，杨玉环的宫妆、铁镜公主的旗袍都太长，又不能专为她做合身的服装，因为毕竟不是学文戏的，至于演出《虹桥赠珠》等武打戏则做了合身的服装。在教《盗仙草》、《火凤凰》、《虹桥赠珠》等戏的武打、出手时，我为她分析人物，做到每出戏有不同侧重，不能为打而打，而要打出道理，这是“戏理”。我还教她“锣鼓经”分清轻、重、缓、急。

第三，我让史敏向戏校卢文勤老师学练声，以科学的发声方法来弥补嗓子又窄又细的缺憾，经过两年练声，效果显著，逐渐找到最佳发声部位，嗓音逐渐亮丽甜美。练声期间，我经常去听课。开始找不到部位，较难的发声法表达不出来，她急得哭了，我嘱咐她耐心学，一点一点地琢磨就进步快了。她说不是娇气而哭，是着急才哭的。

毕业时，史敏演出《玉堂春》显示出练声的成果，嗓音嘹亮甜美，字正腔圆，发声部位准确，过去音色较暗的缺点已得到纠正，达到运用自如的地步。

史敏毕业后，分配到上海京剧院当演员，作为老师的我一心仍在她的身上。我了解史敏在台上虽有亮点，但毕竟舞台经验少，有些放不开，我与技导于永华联系，请她多给史敏出点子，使其进一步放开；唱腔则请教梅派演员许美玲，继续提高，并不时去找卢文勤先生练声……我还叫她要多观摩演出，尤其是名角的演出，常言道，百练不如一看。史敏很听话，如杜近芳、李世济等著名艺术家来沪演出，我去观摩时都遇到她，场场都去。京剧界不少好友笑着对我说：你关心史敏，比对自己的儿女更加关心。确实如此，我生了一儿一女，都是由公婆带大的，我从未过问过他们的饥饱冷暖，年轻时一心排练、演出；70年代后又一心投入教学，关心史敏这样的好学生。事实上，史敏是我们京剧事业的接班人，我把毕生的艺术心得、体会倾囊相授，我衷心盼望她青出于蓝而胜于蓝，超过自己！

（原载《中国京剧》1995年第3期）

马赛同行给我们的启示——记马赛“每日小剧院”的“十人剧团”

五月二十九日，中国戏曲歌舞团在马赛歌剧院首次演出后，热情的法国朋友涌至后台来向我们祝贺。在人群中，几位穿着朴素的青年男女引起了我们的注意，从他们送上花束时那股诚挚的神情里，可以看出他们多么热爱我们，通过自我介绍，我们知道他们是一个名叫“每日小剧院”的演员，他们恳切地邀请我们到他们剧院里去做客。

第二天下午，我们经过车水马龙的地中海岸，走进一条道路泥泞的小胡同，两旁房屋破旧不堪，到处堆着垃圾，我们来在一座熏黑了的像城墙似的断垣前，法国朋友领我们跨进了一个黑黝黝的小门，这里真像个年久失修的破庙。我心里非常诧异，这儿哪像有什么剧院，莫非是走错了？但是领路的朋友却一直带着我们走上土砖砌成的楼梯，这里既阴暗又潮湿。走了七十二级，推开一扇木门，才到了一个有光亮的楼上。

几位青年男女正在粉刷墙壁，修理板凳，整理道具，看见我们就跑过来，我们认出他们就是昨晚到后台来的那几位朋友，他们满手油垢，穿着破烂的衬衫和裤子，有的还打了补丁。团长、演员米谢尔枫丹纳热情地为我们介绍：“你们看，这就是我们的小剧院，刚租来不久，这原是17世纪的法王路易十三的一座监狱，现在是一个商人的破仓库，我们用它的楼上。为了生活，我们租不起大剧场，所以只好租用这样一个破摊子。来，来，来，大家见见面吧。这些扫地、刷墙、修理凳子的都是我们演员。我们一共有十个人，六男四女。上台全是演员，下台全是各部门的职工，我们十个人从编剧、导演、演员到行政、技工、杂役，售票……全都包了。”我们和这个“十人剧团”的每个人都握了手。

朋友们告诉我们，这个剧场全长十五公尺，一隔为二，分出前台和后台。前台只能摆八十个座位作为观众席。当我们随着朋友一去到后台时，那儿又小、又矮、又暗，但是布置得还很秩序井然，他们说：“这既是化妆室，也是绘景、制道具的制作间。”还说：“这儿就是我们的小剧院，也是我们的家。我们十个年轻人，为了艺术和生活，在马赛已经奋斗两年了，根本谈不上工资，除掉房租和捐税，收入仅够糊口而已。”他们豪迈地说：“生活上虽然很苦，但是精神上我们却很愉快。”

听到法国同行这样的话，看到这个才五公尺多宽的舞台和剧院，我们每个人的感触是很多的。

“今天请你们来，别的一无所敬，请你们看看我们的排演——最近要上演的一个戏《笳莱母亲的枪》中的一幕。”这出戏是著名的德国剧作家布荣希特写的，戏剧的时代背景是1936年西班牙内战时期，女主人公杜兰是个善良的母亲，丈夫死于统治阶级之手，儿子为报父仇，向她要父亲留下的枪。这个时候，人民起来反抗统治阶级的残暴统治，全村人都走了，只剩下这一对母子，官兵来了，打死了她的儿子，这个善良的妇女失去了丈夫又失去了儿子，她终于勇敢地站了起来，拿起枪奔向人民的队伍，去和统治阶级斗争。

“十人剧团”的朋友们在这个片断的排演中，演得十分朴实感人，我们许多女同志都看得流泪了。排演结束，我们和他们握手，表示祝贺和感谢。剧团团长对我们说：“戏是排出来了，但是不知道能不能上演，因为它在某种程度上影射着我们法国最近的政局。”他停了一停说：“但是，不管怎样，我们要演它！这就是我们为争取进步争取幸福和自由的行动！”在这座法国英雄城市——马赛，这些法国民族戏剧的有为的青年一代，生活艰苦而意志坚强，他们才是法国优秀艺术传统的继承者，这座路易十三时代的监狱改装的“每日小剧院”才是法国民族戏剧的摇篮。“十人剧团”的团长告诉我们：他们这样的剧团在法国有几十个。扮演杜兰的女演员在给李玉茹同志的信里写道：“我相信你们是最了解我们的，现在的处境只有忍受，必须有强大的力量！”我们坚信，她会像她扮演的主角那样和黑暗与丑恶战斗到明天！

当我在今天写着连篇回忆的时候，“十人剧团”每一个朋友的脸庞又浮现在我面前，他们是我永远难以忘记的。我在遥远的中国祝他用的演出一个接着一个地获得成功。

1958年12月写于北京。

（原载《中国戏剧》1958年第23期）

难忘的莫斯科一夜

去年十一月，我随上海京剧院访苏演出，到达莫斯科后，参加了十月革命39周年国庆观礼。之后，在莫斯科的斯坦尼斯拉夫斯基与聂米罗维奇-丹钦柯音乐剧院参加了正式演出。演了十多天，原定十九号到列宁格勒去，可是热情好客的莫斯科，使我们仍恋恋不舍，在十九日晚上，我们被邀请和工人、文艺工作者、学生等，在辉煌的圆柱大厅作了一次最亲切最热闹的使人难忘的联欢。

十几天来，我们在台上台下彼此见面的机会已很多，这天晚上我们更是面对面地握着手没有任何距离了。我们一走进那富有历史意义的圆柱六厅，立刻就被一大群天真活泼的少先队员们包围了，他们不是为了别的，是为了献出他们最珍贵的礼物——红领巾。他们每人拿一条，很熟练地给我们系在脖子上，我们之中个子高的同志都把他们抱在怀里让他们系好，为了感谢他们，我们都在他们的苹果似的小脸蛋上，吻了又吻，亲了又亲。

二楼会场布置得金碧辉煌，非常亲切、美丽，富有中国的情调。两旁并列着中苏国旗，中间有红底金字中俄文的“中苏两国人民永恒的牢不可破的友谊和兄弟般的团结万岁”。还有一个木偶的大熊，在向我们鼓掌欢呼，连声不断地喊着：“斯德拉斯节！斯德拉斯节！”（您好！您好！）引得大家大笑。主人把我们引到主席台上，这台是用中国风格布置的。两边大柱子上画着盘柱的金龙，中间大幕上绘着中国宫殿式房檐的图案，并挂着两个大红宫灯。

讲话献礼后，联欢开始，我们演出了《三岔口》、《芭蕉扇》。苏联节目更是丰富多彩，有男高音、女高音独唱，有芭蕾舞，有木偶戏，有独角相声等，不胜枚举。每个节目虽然不算长，但都很精彩。这个会真可称作群英大会。

休息了一会儿，开始了分散性的友谊活动。乐声一起，双方混合跳起友谊舞。这当中滑稽演员最为活跃，他夹在里面表演滑稽舞，逗得大家捧腹大笑。走廊上有人在一块儿唱歌，中间休息室里也有一些演员在亲切地自由交谈，形形色色，热闹极了。这当中最忙的是翻译同志，被大家拉来拉去。没有翻译的地方，大家就做手势，用学会不久的几句简单的俄语:“斯德拉斯节”（您好）、“哈拉说”（好）、“斯巴西波”（谢谢）来表达友情。总之，在那种兴高采烈的气氛中，大家是越跳越亲热，越谈越投机，彼此都依依难舍，可是时间已过了十二点。明天我们还要到列宁格勒去，因此不得不告别，主人们就步行把我们送回旅馆。年轻的在前为前导，手持灯笼和手风琴，把我们簇拥在他们中间，与我用手拉手肩并肩，一起唱着“莫斯科—北京”和“团结就是力量”。这时天正下着鹅毛大雪，寒风扑面，手指头都冻得发疼，可是有伟大的友情，哪顾得这些呢！

到了旅馆门口，热情的主人们把我们送进旅馆，我们又把他们送出门外，来来去去，送个不停。最后，彼此紧紧拥抱着又跳了几十分钟的狂欢舞，才喊着“达斯维达尼亚”（再见）分手了。

现在，欣逢十月社会主义革命40周年，我不由得想起了我们在苏联的那些紧张而又欢乐的日子，想起在苏联访问演出中，得到的各种印象，想起苏联人民和我们的深厚友谊。我遥祝苏联同志们、朋友们在共产主义建设事业的各方面取得更大的成就。

新旧舞台大不同

在旧社会里，我们这些演“打出手”的武旦演员，像一般演员一样，在台下得忍受委屈，在台上也不例外。有时候，同台演员因为受了老板的气，心里不舒畅，把刀扔歪了，把枪扔远了，主演的人就得出洋相。刀枪万一失手，观众就会喝倒彩。有一次，艺人宋德珠就曾由于同台演员不协作，一场武打戏，失枪七次之多。另一位艺人班世超，有一次在台上给这种“歪枪”气炸了，到了后台就和下手真的大干起来。

18年前，我在杭州大世界（即现在的东坡剧场）搭班演《金山寺》的情景，至今历历在目。演《金山寺》这出戏，原来要有四个下把，才能“打出手”，可我这个穷武旦，连“行头”也是东拼西凑买些素绸由母亲手缝的，哪有钱来请“帮角”呢？只好依靠后台的班底帮我配戏。那时候，上下手根本不通气，什么都是“台上见”。他们也是为老板卖命，到头来却是两手空空，因此情绪不好，在台上常把刀枪直往你脑袋掷来，要不是眼快手巧，躲闪得当，真有头破血流的危险。有一次，一个“下手”投出的第一条枪就不是地方，接二连三，时远时近，害得我满台追枪，还是连连失手。那时，我年纪轻，火气大。当场丢掉手里的武器，直奔后台，真不想干了。我父亲也动了气，说又不敢说，只气得跑到后台把自己的一面化妆镜砸碎了。

既没钱请“帮角”，后台“班底”又“拿乔”，我只好硬着头皮靠我弟弟张云杰一人帮我“打出手”。《金山寺》这出戏，包括四门斗、大刀、双鞭、对枪、耍枪花等一连串复杂繁重的武打。他以一当四，扔枪接枪，上下前后都是他，场场弄得“满台飞”。一场《金山寺》演下来，我们姐弟俩都累得喘不过气来。至于“打出手”时，角色的思想和感情、身段的协调和舞台画面的美，那就甭提了。

“打出手”由来已久，但只有在新社会，它才有了动人的魅力。因为要演好“打出手”，除依靠主演演员的功力外，还要靠演员相互间的协作。一根枪掷得不到位，主演演员就得快步追赶。有时追都追不上，更别说踢得稳、踢得准了。在新社会的舞台上，演员在这方面用不着担心，过去的不良作风，随着旧社会一去不复返了。今天，我们在党的培养和教导下，以“百花齐放，推陈出新”的精神，每天大练出手，一次两次以至几十次地练，大家合作得像一个人似的。提高演出质量已成为每个演员共同努力的目标。和我多年配戏的演员，现在都是一条艺术道路上的同志，彼此亲密无间。有人说我的“出手”，以稳见长，其实，如果没有他们的配合默契，渲染烘托，这“稳”字就很难做到了。

这些年来，戏中不少武打技术，都是在集体钻研和舞台实践中，结合剧情发展需要逐步摸索创造出来的，就拿《盗仙草》来说，我十三岁起就演它，演了十多年还是老一套。因为传统的“打出手”，一传二递，节奏缓慢，很难表达白素贞盗仙草，救夫命的紧急心情。后来决定改用节奏较快的“走马楼鼓点”，这就要求出手打得既快又准。在集体的努力下，我们创造了过去没有的踢十杆枪的大打出手。我除了用脚、腿顺势挡回来枪外，还使用了前、后、左、右“双飞踢枪”，把同时扔来的两枝枪用左右两腿蹦回，连续四次。而所有这些“打出手”的动作，都是在于显示人物心情的焦急如焚，急不可待。

再拿《泗州城》这出武工繁重的戏来说，我饰演的“水母娘娘”在同神将打出手时，除像《盗仙草》一样改用“走马楼鼓点”，以表现激烈的战斗场而外，还运用“踢”、“掏”以及高扔低递、交错撇接等各种武打技巧，把骤雨般投来的长枪有层次地一一挡回。我们在戏中，还大胆地创造了用“急急风”快节奏的“虎跳踢枪”，一个虎跳过去，右脚在将落地时，猛将对手掷来的枪用脚腕倒踢回去，其间如有刹那的迟缓，枪支就会落地。这一连串的武打动作，若非同台演员通力协作，是很难完成的。

新社会真正使我们得到了最好的培养和提高。也只有在今天，我们的打出手艺术才能得到提高和发展。

（原载《新民晚报》1963年2月2日）

英明伟大的“双百”方针——无限缅怀毛主席

伟大领袖毛主席虽然离开我们很多年了，但是，他仍然活在我的心中，今年是他老人家一百岁诞辰，格外缅怀。

我们京剧在祖国文艺百花园中，能够与其他剧种一起共同争妍斗艳，完全是依靠毛主席“百花齐放，百家争鸣”双百方针的正确引导，才欣欣向荣、蓬勃发展的。众所周知，京剧在解放前早已不景气，日落西山了。当时，上海的京剧舞台以演出传统戏双出、连台本戏、反串等形式来招徕观众；尽管如此，也仅有那些“老观众”而已。那时，电影、话剧等新文艺红火，越剧、沪剧创作的新剧目，受到观众欢迎。对照之下，延安平剧院在毛主席文艺方针指引下，却创作出《三打祝家庄》、《逼上梁山》等优秀剧目，受到广大观众的热烈欢迎。解放后，全国京剧工作者也受到双百方针的感召，不断革新、创新，新剧目不断涌现，使京剧这一古老剧种焕发青春，具有茁壮的生命力。回溯我自解放后，从事文艺事业所走过的道路，都是遵循毛主席的“双百”方针，战胜一个个困难，取得一个个成就，塑造出《盗仙草》的白素贞、《虹桥赠珠》的水母、《八仙过海》的金鱼仙子、《火凤凰》的白鹭等栩栩如生的优美艺术形象，受到观众的欢迎。

毛主席喜爱京剧，经常观看京剧演出和听京剧演员的“清唱”。1953年，党中央在上海开工作会议，毛主席在周总理的推荐和陪同下，于锦江小礼堂看了我演出的《盗仙草》等剧目以后，当面亲自提出意见或由周总理转达他的意见，对我关怀备至。他高瞻远瞩，且对京剧十分熟悉，提的意见深刻透辟，使我茅塞顿开、获益匪浅，我立即根据毛主席的意见修改，做到精益求精。

过去我在撰写缅怀周总理的文章里，曾提到过周总理对我演出的《盗仙草》等剧目提过不少修改意见，其实，其中部分是周总理传达毛主席的意见。如对《盗仙草》的本子，原来是白素贞被鹤童打败，哀伤欲绝，南极仙翁怜悯，赐她仙草，回来搭救许仙。毛主席提出：这首先不符合剧名，《盗仙草》顾名思义是凭自己的本事去盗嘛，何必要别人施恩呢！我们认为毛主席提的意见非常好，立即修改为是白素贞力争得到仙草的，更加突出白素贞为救丈夫的性命，拼死去"盗"仙草的可贵品质。在晚会上跳舞时，毛主席还当面对我说：白素贞的服装穿白底大团五彩花，钩银线，绣得满满的，头戴小额子，绒球较多太花哨，不符合她当时的心情，服装也应该从人物出发。我们觉得毛主席的意见非常对，经过认真研究后，由幸熙重新设计服装，改为白色素花、钩金线、头戴软额子（蛇盔）。从此，蔚然成风，白素贞的服装都作这样素净的打扮，切实符合白素贞当时当地忧心如焚的心情。

我演出的《泗州城》，从1954年起至1958年先后作过三次大修改。在这个剧目出国前，由周总理亲自审查把关。殊不知，每次审查，毛主席都去看了。如1954年，《泗州城》的本子，先由观音上，喝完了水母挑的水桶内满盛的江水，开打时，天庭派孙悟空来打水母。毛主席看后向我提出：孙悟空在《闹天宫》里是反天庭争取自由的艺术形象，怎么在《泗州城》里却成为压迫争取自由的水母，变为反面人物了呢？外国观众对于孙悟空的出尔反尔行为会看不懂的！一语中的，我们立即把孙悟空改为二郎神。第二次修改，增加了爱情内容，以突出水母为争取自由、幸福而斗争；第三次修改加上小生白永这个艺术形象上场，使这出戏有头有尾更加完整，并改名为《虹桥赠珠》。这出戏被选中作为1958年以吴晗为团长的中国戏曲歌舞团出访英国、法国、比利时、卢森堡、波兰、捷克斯洛伐克、瑞士等国的演出剧目。毛主席看完审查演出后，向我提出：《泗州城》我看过多次，发现每次都有修改，而且越改越好！周总理也对我说毛主席表扬你们啦！毛主席的肯定、赞许，我感到特别高兴。因为我牢记他的话，对戏要推陈出新、精益求精！毛主席肯定的剧目，在国内外一定会受到欢迎，果然，《虹桥赠珠》在西欧六国的演出非常轰动。

1955年9月，十大元帅授衔，我被调去参加演出任务，演出剧目有《梁红玉》等。所有元帅、将军济济一堂。当年，他们在民主革命战争中，都是叱咤风云的英雄人物，以赫赫战功为建立新中国立下不朽的功勋。由于参加演出，我有幸见到这些军事首长，真是开了眼！会议中有次鸡尾酒会，我接到请柬应邀前去。北京饭店整个大厅都坐满了嘉宾，毛主席出席了酒会，坐在最中间一排的沙发上，周总理和元帅们坐在毛主席的周围。应邀参加酒会的演员们纷纷向毛主席敬酒，我拙于辞令，不敢贸然趋前。这时，毛主席风趣地说："嗬，大将军来了！"当时，满座元帅、将军，这"大将军"是指谁啊？随着毛主席眼光注视着我，大家才意识到是戏称我是"大将军"。生活中真正的、身经百战的众多大将军明白过来后，都跟着毛主席一起爽朗地哈哈大笑。我因在舞台上扮演穆桂英、梁红玉等角色而被毛主席称为"大将军"，实在是不敢当的。有时，他老人家根据我的行当——武旦，演的剧目、角色，都离不开武打、出手，他开玩笑地称我为"好战分子"。毛主席慈祥、宽厚、机智、风趣的谈吐，给我带来了莫大的温馨，让人如沐春风，感到亲切、温暖，因此，在他面前，我逐步减少局促，言谈举止有所放松。这位日理万机的最高统帅，有时竟让我感觉他是我最亲切的长辈。

1959年，举世瞩目的我国国庆10周年，世界上80多个国家的元首、领导莅临北京祝贺，拿什么剧目来招待这些贵宾呢？毛主席亲自决定京剧《闹龙宫》为大轴剧目，招待赫鲁晓夫、伏罗希洛夫等80多个国家的贵宾。周总理作为总指挥，根据毛主席的指示，调集演员排练《闹龙宫》，一纸调令把我和四个下手调到北京参加国庆晚会演出。这是庆祝祖国建国10周年大典的隆重晚会，这次盛大阵容的演出，对京剧来说是空前的，共有500多个演员同台演出《大闹龙宫》，调动了全北京的京剧演员都来排练，名角如云，阵容扎硬。如由李少春演孙悟空、张云溪演三太子、张春华也演太子。剧中有五个太子、五个龙女，我演其中的一个龙女，很多名演员扮演神将、宫女、跑龙套。台上有五十杆枪打出手，舞台调度成五朵梅花形状，我在中间"大打出手"。乐队有七只大堂鼓，中堂鼓无其数，一百多人的大乐队。开打时，人民大会堂的大型舞台上鼓声隆隆，震撼整个大会堂，银枪飞舞半空、闪闪发光，描绘出神话剧神仙斗法的奇幻世界，赢得各国贵宾经久不息的热烈掌声。演出的成功，为国庆10周年的大喜日子增添无限欢乐气氛。由京剧来担当如此重大的演出任务是毛主席的信任，作为参加演出的京剧演员，我感到无上光荣，终生难忘！

有一次，上海京剧院正在公演《红梅阁》，我的四个下手在《红》剧中都有角色。忽然，下午五时半来通知有重要晚会任务，怎么办呢？剧场早已客满，又快到演出时间了，只得临时换了四个小青年做下手，简单地排练一遍，仓促登场演出。那晚，毛主席、刘主席、周总理等中央领导都来看戏。结果，由于是现凑的下手，配合不好，加上那些小青年从未见过这么多的中央领导心里慌了，十杆枪掉了一台。我急着使眼神，意思是让他们捡起来再扔，谁知他们紧张得顾不上看我的眼神，我只得自己去地上捡枪，他们见我去捡，也忙着来抢着捡，和我一起争抢一杆枪，乱成一锅粥！草草演完戏，我惭愧得无地自容。毛主席首先站起来鼓掌，既是为我打气，也是安慰。他如此宽厚，使我更加难过得落泪。毛主席看过我多次演出，我从未失手，今天却枪掉一台，必有原因。接着，我去参加舞会，周总理见了我说：张美娟，你从来不失手的嘛，今天枪落了一台？我满腔委屈地诉说临时调换了四个小青年，造成这样的后果。周总理颔首，表示理解和同情。随后，叫剧院一位负责人去谈话，指出：要重视演员配合默契的重要性，尤其是打出手是个整体，要配合好，今后尽量不要临时换人。掉枪固然是件坏事，但是，毛主席、周总理如此关心、体贴，使我深受感动，并引起我们剧院和创作集体更加重视配合默契，因为它意味着质量，必须精益求精。

由于多次受到毛主席接见，不再陌生，也敢于把自己的想法及吃不准的事情向他倾诉。1960年，我们根据民间传说准备创作、排练《火凤凰》，曾研究过剧名《百鸟朝凤》，剧组讨论时，有人提出该戏内容是反侵略，出国演出是否太敏感了？百鸟都向凤凰朝拜，是否好？我也感到困惑难解。在一次舞会上，毛主席问起：你最近在搞什么戏？我将讨论的情况如实向他汇报，毛主席说：《百鸟朝凤》名字可以，反侵略完全应该，至于群众总要有头，没有头如何领着走？这没有问题。毛主席言简意赅，他的指拨，使我们跳出迷津、豁然开朗，立即投入创作、排练。结果，《火凤凰》这个剧目被选中为出国剧目，于1964年初以金仲华为团长的中国艺术团赴西欧演出。该团京剧演员有杜近芳、王鸣仲、齐淑芳、杨春霞和我，《火凤凰》是大轴剧目。先后在英国、法国、意大利、德国、比利时、荷兰、奥地利七国演出，轰动整个西欧，各国报纸反映强烈。如法国《费加罗报》刊登整版的剧评，赞誉交加。一家著名画报还登出《火凤凰》剧照、生活照专刊，色彩艳丽夺目。英国、德国、意大利、荷兰等国演出也都十分轰动，报刊舆论反映甚佳。

在西欧七国演出半年左右，回国后，有关部门根据在西欧各国的演出轰动情况写成内部资料，呈送给毛主席等中央领导阅览。当我们艺术团回到上海之时，正巧毛主席在上海视察，他在上海锦江俱乐部宴请我们吃螃蟹。席间有孙花满、杨春霞、李炳淑和我。当我们到达宴会厅时，毛主席手里拿着一叠文件正在阅览，看见我们后，指着手里的文件（反映西欧演出情况的内部资料）询问：你们出国访问演出受到如此热烈欢迎，是真的还是假的？我们笑哈哈地回答：确实是演出轰动西欧七国，受到热烈欢迎。（那次访问演出，除我演《火凤凰》外，杨春霞演《拾玉镯》、齐淑芳演《三战张月娥》）我心里想：幸亏毛主席的指示给我们拨开迷津，然后我们及时抓紧排练、演出《火凤凰》，才有今天的成就。毛主席的"双百"方针像一盏明灯指引我在文艺道路上不断"推陈出新"，精益求精，奋勇前进，今天我虽已离开舞台，但仍在培养京剧下一代而努力工作，我要继续遵循毛主席"两为"和"双百"方针，在教学工作中，教育我的学生世世代代贯彻这个无往而不胜的伟大方针！

（陈文华记录、整理）

怀念张美娟

我的嫂子张美娟

齐淑芳

张美娟是我的嫂子、恩师、偶像，我爱她、崇拜她，我的艺术道路上洒满了她的汗水。她传授我艺术，教导我做人，没有她就没有我今天的一切。

我出生在西安，家里兄弟姐妹有六人。大哥齐英才、二哥齐英哲、三哥齐英奇是京剧演员，父亲是律师，也是个京剧迷。我从小就喜欢京剧，五六岁的时候，就常随爸爸到戏园子里看戏。但每次看不了一会儿，就趴在爸爸腿上睡着了，不过我和爸爸讲好了，只要台上有花旦出场，一定要叫我。所以，每当台上上了花旦，爸爸就会叫我："快看，快看，花旦出来了。"我马上会精神振奋，两眼瞪得大大的，盯着台上穿得花花绿绿、脸上抹胭脂、嘴上涂口红的花旦，觉得她们好漂亮！她们的一举一动都让我着迷。回到家里，我总会在床上用毛巾当水袖，学着台上花旦的样子咿咿呀呀，扭来扭去。我总是梦想着长大以后能像她们那样在台上演戏就好了。

有一天一个特大的喜讯传到我家，大哥齐英才在上海要结婚了，我未来的嫂子还是个非常有名的京剧演员。我听了高兴得跳了起来。从那时起，我天天盼望有一天能见到新嫂子。这一天终于来临了，家里决定让三哥带我去上海投考上海戏曲学校，这下就能见到我朝思暮想的新嫂子了。从西安到上海的路上火车行驶了两天两夜，可我的心早就飞到上海了。

到了大哥家，他向我们介绍：这就是你们的新嫂子。话音刚落，我就迫不及待地大声叫了声："嫂子！"嫂子答应了一声，就把我拉到她的身边。那时我两眼直盯着嫂子看，她身材高挑、面孔清秀、眼睛明亮，我觉得她真是好美！我这第一眼的印象一辈子也忘不了。

住下来之后，嫂子就问我：会跳舞、唱歌、弹钢琴吗？我摇摇头。嫂子说："上海的小姑娘都会唱会跳会弹琴，你比不过她们，怎么能考得上？这样吧，我在家里教你一年，你如果有艺术细胞，能练得出来，就去考上海戏校插班生。如果练不出来，趁早回西安读书去，别耽误了学习，你说好吗？”我嘴里说好，心里暗下决心，一定要练好，绝不再回西安去。

第二天开始，天不亮我就起床了，由我嫂子的父亲张德武教我练腰腿、毯子功，嫂子教我身段，站、走、跑圆场、拉云手、拉山膀、鹞子翻身以及把子功（耍棍、刀枪把子）。吃完中饭不能睡午觉，要吊腿一小时。下午，请琴师来给我吊嗓子，学文戏。经过一段基础训练后，嫂子开始教我正式演戏。我学的第一出戏是《打焦赞》，嫂子教戏非常严格。我记得就一个出场，唱南梆子，走小碎步，甩辫子，打扇亮相，这一套动作就走了十几遍。嫂子教导我说：“杨排风虽是个烧火的丫头，她武艺高强，有很强的好胜心，但她又是个活泼可爱的小姑娘，所以，你要演得既刚强又活泼。”经她一遍又一遍地反复讲解、示范，我总算走好了这个出场。就这样，我苦练了一年，准备着迎考。

戏校考试的日子终于来到了。考试的内容是要我连演三天戏，在“大世界”京剧场，剧目是《打焦赞》、《女起解》、《金山寺》。戏校的校长、教导主任及许多老师都来观看，这是决定我是否能在上海学戏命运的考试。头天晚上，嫂子再三叮咛：“明天千万不要紧张，平时怎么练的就怎么演，不要慌。”经她这么一说，我心里有底了，很放心，第二天睡到七点多才起来。为了早点去剧场，我们提早吃午饭，我吃了一碗又一碗。嫂子见了，连忙阻止说：“别吃了，吃得太饱当心在台上吐。”

到了后台，嫂子给我化妆，穿服装，一切准备完毕，临走还嘱咐：“别紧张，怎么练的就怎么演。”说完就下台看戏去了。快开场了，我从侧幕往下一看，哇！场子满满的，这么多人！该我上场了，一出场就有个碰头好。当时我的心一下子提到喉咙口了，我哪里经过这样的场面，心里一阵发慌。这时我定睛一看，嫂子和大哥就坐在第三排正中，我耳边仿佛响起“别紧张”的叮咛，顿时放松了下来。后来，戏就越演越顺，耍棍花时，台下彩声连连，我非常兴奋，一个四击头亮相，啊呀不好！竟然背对着观众。我没有慌，紧接着一个小圆场面朝观众再一个亮相，鼓师也十分配合，来了个丝边“八大仓”，观众又一个满堂好！这时我看到嫂子微微点头，脸上露出了笑容。

第二天演《女起解》，在唱西皮原板时，我学的是唱“六恨”，可是鼓师在唱完“四恨”后就收了，我也没有在台上发愣，圆满地把后面两句散板唱完，我看见嫂子在台下又笑了。

第三天演《金山寺》，嫂子教我这出戏，一直没有经过响排。当我念完“青儿呀”时，场面打了个“咣采咣采咣”五击锣。我愣住了，这里怎么还有锣？思想一开小差，脑子突然一片空白，台词都想不起来了。我只好假装在思索，用手揉揉头，扶扶胸，左右走来走去，观众一时倒还没看出来。这时我看见台下的嫂子，用沉着的眼光注视着我，在暗示我“别紧张”。我顿时来了灵感，台词全蹦了出来，戏接着顺利地演了下去，嫂子再次笑了。

三场戏演完后，嫂子、大哥及嫂子的父亲都说我台上有灵气，沉得住气，很好！戏校领导也非常满意，考试顺利地通过了。我将作为一名插班生进入戏校，开始学校生活了。临将去学校的前一天晚上，嫂子语重心长地嘱咐我：“到了学校就全靠你自己了，要勤学苦练，尊敬老师，团结同学，将来做一个出色的京剧演员。”这天晚上我失眠了，嫂子的话语一直在我脑海里打转。我下了决心：一定不辜负嫂子的期望。

到了学校开始了正规系统的京剧基础训练，每天按部就班地练功、学戏、学文化。我始终没有忘记嫂子的嘱咐：“要勤学苦练。”为了多练一遍功，我三年如一日，半夜两点钟起床自己先练一遍，然后再在正常时间和大家一起练一遍。每当星期天，同学们一早都回家了，练功房只剩下我一个人，这是我最高兴的时候。于是我就从台上练到台下，把所有的戏都练了一遍，再洗完澡回家。到家后，把一星期所学的内容向嫂子汇报，不过，嫂子总是说我好的少，说不够的地方多。

1959年，我16岁，在北京长安剧场演出了《三战张月娥》。我在这出戏里有繁重的高难度技巧：扎大靠翻腱子倒插虎，三个跳叉接倒插虎，抢背接刀，最后三张桌子台蛮翻下。演出非常成功，剧场产生了轰动效应。观看演出的梅兰芳大师和文化部部长徐平羽都上台来向我祝贺，梅大师握着我的手说：“京剧后继有人哪，你真是个后起之秀，我们一起合个影吧。”我激动极了，当天晚上就打长途电话把这个喜讯告诉了嫂子。嫂子只说了两句话：“要戒骄戒躁，更要勤学苦练。”

1963年，由上海京剧院、上海京昆剧团、中国京剧院、东方歌舞团组成的中国艺术团85人一行将出访欧洲诸国，出访前在北京集训了四个月。演出剧目有：嫂子的《火凤凰》，我的《三战张月娥》、《虹桥赠珠》，杜近芳的《白蛇传》，王鸣仲的《闹天宫》、《雁荡山》，还有音乐家刘德海、陆春龄、阎海登的独奏等。在《白蛇传》中，我扮演小青，导演是李少春。李大师很喜欢我的《三战张月娥》，他还向我提出，“三战”中三场开打下场有点雷同，并主动表示愿意帮我修改。后来，他真的亲自给我改动开打套路，三场改成一场打，改得既紧凑又精彩，改得非常好。我们出访欧洲六个月，为中法建交充当了文艺先锋。我们走遍了欧洲各国，从大冬天演到大热天，为传播中国传统文化艺术作了自己的贡献。我记得当时国际上反华的势力很嚣张，苏联派出了全国最好的芭蕾舞团和世界闻名的马戏团和我们“打对台”。面对这样的形势，艺术团领导和大使馆研究决定，每场演出必须以武戏为主，因为那里的观众喜欢武戏。这样，嫂子的《火凤凰》几乎每场都有，一演就是几十场，遇到身体不适都不能休息。这出戏很吃功夫，嫂子每场戏下来，总是浑身湿透，吃不下东西。我看到她这个样子，既心痛又敬佩，为了国家的荣誉和尊严，她这种不怕苦不怕累的精神，深深地印在我的心里。

京剧中的武旦以前都是由男性扮演，如宋德珠、李金鸿等都是当时著名的武旦演员。嫂子是新中国成立后女武旦第一人，她以出色过人的基本功、高难度技巧以及天生的女性之美征服了广大的观众。在新中国建立后不久，中国京剧院承担了一次重要出国演出任务。周恩来总理审查节目后提出：再增加一个剧目，上海京剧院张美娟的《盗仙草》，让外国人看看中国的妇女是多么英武、勇敢、美丽。那次演出，嫂子还获得了缅甸总理吴努亲自颁发的金质奖章。以后每次有重要的出国演出任务，几乎都要安排嫂子的节目。

嫂子所演的《火凤凰》、《八仙过海》、《挡马》、《盗仙草》、《泗州城》、《梁红玉》等剧目，都堪称是精品。她主演的《宏碧缘》连演连满，长达两年之久，塑造的花碧莲形象深得观众喜爱。我记得有好多次，嫂子演完该剧回到家里，还有好多观众在她家窗口下大声喊她的名字。还有许多观众给她写信，称赞她的艺术，这种现象在20世纪60年代还是很少见的。《火凤凰》是嫂子精心编排的代表剧目，此剧是根据福建的民间传说改编的武旦神话剧，她在此剧中倾注了大量的心血。该剧无论是在剧情、舞蹈、武打以及各种艺术造型上都非常新颖，剧中双枪舞、托举踢枪、三人七杆枪出手，以及最后在烈火中的双绸舞都令人耳目一新，赞赏不已。我非常喜欢这出戏，1979年，我根据自身的特长和条件，在原作基础上进行再创作，音乐、唱腔、舞蹈和武打都有较大的修改。嫂子很支持我对她的名作进行更动，还热心知道扶持此剧的创排。其中把原作一套非常漂亮的双枪舞改为大刀舞，这套刀舞就是嫂子为我设计编排的，同样非常漂亮。这件事让我深切地感受到她提携、培养后人无私、开阔的胸怀。

1988年，我和丈夫丁梅魁移居美国纽约，虽然常和大哥、嫂子通话，但他们还是不放心。1993年，他们来美国纽约探亲，我们开车从肯尼迪机场把五年未见的兄嫂接到家里。到家刚刚坐定，嫂子突然问我两个问题：第一，你怎么会来美国？第二，为什么要留在美国？我看她一脸的严肃，知道如果不把这件事解释清楚，将要引起严重的误会。于是，我告诉她：我们是应美国文化中心的邀请以旅游形式来美参加中心成立五周年活动，他们为我安排了一场大型演出全本《白蛇传》。开始我们很为难，因为出国时我们答应上海京剧院不举办大型公演，但艺术中心说剧场也订了，广告也出了，票也卖出去了。这时我们只好硬着头皮演出了。结果这场演出非常轰动，掌声不断。美国观众说，从来没有看过京剧，没想到这么好看。华人观众说，大陆演员水平真高。文的武的都这么好，还有人看得激动流泪。就在当天演出后，"世界音乐协会"邀请我们到百老汇大道剧院举办第二场演出《青石山》。当晚票全部售完，在开演后，场外还有许多人排队等退票。次日，美国权威性报纸《纽约时报》登载了赞扬文章。我们发现，美国人非常喜欢中国京剧，但许多人却不了解什么是真正的中国京剧，国内剧团来美演出很少，即便来了也是蜻蜓点水，演一两场就走了，所以，美国人无法比较完整地了解京剧。现在我们国家一直致力于推广京剧艺术，美国当地观众也希望我们留下来，让美国人有一个固定看京剧的地方。我们想这样做对弘扬京剧艺术很有利，于是就在美国留了下来。大哥和嫂子听了觉得确实有道理，就点了点头。后来，嫂子又问，你们后来又是怎样做的呢？我说，我们现在主要要找一个能安排演出的经纪人或公司，说来也巧，这时正好有一家大的演出公司联系上我们，并安排我们每年到各个城市为青年学生进行上百场的演出，同时在纽约还举办大型演出，正式落实了我们的京剧文化传播活动，这时，嫂子终于开心地笑了。

张美娟到纽约的消息很快就传开了，她的学生，有京剧界的也有舞蹈界的，纷纷前来看望。还在纽约举办了大型讲座，请她讲课示范并教授剑舞。那天，课堂设在舞蹈中心排演厅，场内座无虚席，嫂子虽然多年没有演出，但舞剑动作依然矫健优美、英姿勃勃，全场掌声不断，观众赞叹不已。许多学生当场要求向她学习这套剑舞，嫂子欣然同意。以后，她每逢周一都来这里教学生，态度十分认真，常常累得满头大汗。学生们按例交的学费，她却坚持不收，说这是为推广京剧出一份力，令学生们十分感动。

张美娟是个把名利看得很轻的人，美国的美华协会和林肯艺术中心要为她颁发"终身艺术成就奖"。当年，张君秋、梅葆玖、顾正秋等艺术家都曾领过此奖。当我把这喜讯告诉她时，她当场就拒绝说，我是来探亲不是来领奖的。我们大家再三劝她，并打电话到上海戏校，征求校领导的意见，直到校领导和中国领馆的领导都明确表示同意之后，她才领了这个奖。

他们在纽约期间，正是我们演出最繁忙的时候，几乎每星期都有三到四天要很早出门，直到晚上才回家。每次回来，嫂子已经把饭菜都做好了，而且，还把房间收拾得干干净净，衣柜的衣服都叠得整整齐齐。人们常说，长嫂如母，我真是深深感受到了，这种爱，就是母爱。在纽约期间，大哥和嫂子生活过得非常快乐，游览观光，看演出，朋友聚会，四个月一晃就过去了。嫂子又开始惦记学校的工作，她说要早点回去，把《虹桥赠珠》的结尾教完。大家一再挽留未果，于是，我们和韩奎喜、黄世荣等一齐去机场送行。在机场候机时，大家一起聊天，讲笑话，嫂子非常开心。

我知道，她在纽约四个月过得很愉快，这也是我打见到她起，和嫂子共同生活时间最长的一次，也是感到最快乐的一次，但万万没想到这是最后的道别。临登机，她还嘱咐我说，你们在海外要爱国，要推广京剧，注意保重身体，然后她和我紧紧地一抱，就朝登机口走了。我依依不舍地望着嫂子的背影，突然莫名其妙地闪出一个奇怪的感觉：这会是最后一面吗？真是不幸被料中，坏消息不久就传来了：嫂子病重住进了医院。我马上打电话，希望她坚强地挺住等我。但愿望最终落空了，噩耗传来，嫂子于1995年11月13日去世。我悲痛至极，由于演出合约已定，无法赶回上海，只能在纽约设灵堂祭奠嫂子。她的逝世不仅给我们亲人，也给整个艺术界带来了巨大的悲痛和惋惜，世上从此失去了一位善良的好人、杰出的艺术家。

现在身在异乡的我时刻记住嫂子的教导，要尽一切努力推广京剧，我正是这样地实践着。二十余年来，我跑遍了几十个城市，让近百万的美国人看到了中国京剧，带领着同伴们登上了百老汇舞台，并获得了美国最高艺术成就奖。美国前总统布什和国务卿希拉里都来信祝贺，还决定定期举办中国京剧艺术节，我们的演出受到美国广大观众的热烈欢迎。我永远也忘不了嫂子对我的关怀、帮助和教导，我要用实际的成绩来纪念和回报嫂子，我的嫂子张美娟永远活在我的心里。

忆美娟同学

孙正琦

我和正娟（张美娟在学校的名字）同学当年同在上海戏剧学校学艺，排行“正字辈”，我叫孙正琦，攻武净，她叫张正娟，攻武旦。正娟当时给我的印象是不爱说话，但练功极其刻苦。武旦行是学校里最艰苦的行当，要绑硬跷训练，站立在长板凳上，一站至少半小时，稍有不慎就会从凳子上摔下来。另外还要踩着跷跑圆场、打把子、练出手，其艰苦程度不是一般女孩子所能忍受的，可正娟却从不叫苦，咬着牙练就了一身硬功夫。我学的是武净行，平时特别喜欢耍弄枪，也喜欢看正娟练出手，有时也充当下手一起练着玩。后来老师看我手上功夫不错，在一次演出《蟠桃会》时，把我的二郎神换下，改演头把枪的神将，从此，我和正娟就开始了终身的舞台合作生涯。在1924年，上海戏校学生赴南京、蚌埠、天津等地演出，正娟主演《蟠桃会》，戴七星额子翎子尾踩跷打出手，小小年纪，就有如此好的功夫，令许多观众大为赞叹。当时，不少同学家庭都有困难，我和正娟都没等到毕业，提前离校谋生去了，于是，正娟就改回原名张美娟，在江南各地搭班演出。

1952年，美娟参加了华东实验京剧团，她在抗美援朝战争还没结束时，就报名参加了赴朝慰问演出。我在1953年也加入了华东实验京剧团，我们两个默契的老搭档又到了一起，重新开始了有声有色的舞台生活。1954年，我团的吴石坚团长召集张美娟、张奎芳、贺梦梨、王岭森、齐英才和我一起开了个会。他指出：过去的武旦戏出手套子太陈旧，节奏也很慢，缺乏战斗气氛，情节也不够合理，希望我们一起研究，下点功夫，把《盗仙草》这出戏加工整理一下，创造一个舞台新面貌。于是，张奎芳负责武打设计，我负责出手设计，又增加了两个童子——清风、明月，把原先的一出小戏改得精彩纷呈、十分好看，在武打中增加了飞枪、踢枪，渲染了战斗气氛，加快了节奏，在两人四杆枪、三人六杆枪、五人十杆枪的高潮中出手亮相，起到了相当好的舞台效果。新改编的《盗仙草》一炮打响，获得领导和观众们的肯定，取得了成功。

正巧这时候我国要派一个文化艺术团到缅甸、印度访问，吴石坚通过当时主管上海文化工作的夏衍把《盗仙草》推荐了上去。接到通知到北京去参加审查演出的消息后，我们非常高兴，一行五人到了北京。当时出国预备队京剧演员共有17人，其中有李少春、袁世海、叶盛章、李和曾、黄玉华等大名家及中国京剧院的一些演员和乐队。我们和他们合作得很好，也参加他们的《闹天宫》、《雁荡山》排练，他们的鼓师李瑞斌先生给我们的《盗仙草》打鼓。在北京的招待、审查演出中，《盗仙草》反响很好，得到了各界人士的高度赞赏。当时在北京，武旦行当正好短缺。以前富连成和中华戏校培养的男武旦都由于各种原因离开了自己的本行，阎世善已改行从事行政工作，李金鸿已改演小生，一代名武旦宋德珠也不在北京。所以，美娟这样漂亮的女武旦，再加上出手精彩、编排新颖的《盗仙草》，确实起到了轰动效应。老艺术家侯喜瑞先生看完戏后，即到后台来看望我们，连声向上海的同志表示祝贺，称赞这出戏改得好、演得好。我们听到侯老先生如此夸奖，感到由衷的高兴，受到很大的鼓励，并期盼着周总理来审查我们的节目。其中还有一个小波折，就是不知道为什么我们的节目突然改成《天女散花》了，这让我们很失望，几经努力，终于得到了挽回。周总理、陈老总、蔡畅等中央领导在国务院小礼堂观看我

张美娟与孙正琦

们的《盗仙草》。我们这场演出发挥得比任何一场都好，首长们看得也非常满意。演出结束后，总理身旁的工作人员亲自到后台来请张美娟和我们四个下手，说总理要接见我们。我们感到无比激动，这样的幸福感还从来没有过。我们走入紫光阁，周总理离开座位迎上来，亲切地和我们一一握手，并说："你们演得非常好，合作得也非常好，出国去一定要好好完成任务。"总理的讲话给了我们艺术上的充分肯定，我们受到极大鼓舞。从此，美娟一举成名，我们也顺利地出访，并很好地完成了这光荣的任务。

在印度访问期间，为了给美娟再增添一出戏，我们设计了只有十个人的新《泗州城》。水母由张美娟扮演，四个水族由周瑛鹏、吴鸣申、谷春章、赵鸣复扮演，二郎神由齐英才扮演，四神将由我和贺梦梨、王岭森、钮风华扮演。在缅甸访问期间，我们演出了这个剧目。吴努总理对该剧的满台飞枪感到惊奇，怀疑台上有绳线机关，第二天竟然到后台下场门的侧幕边看戏。在确信了这完全靠真功夫演出时，吴努总理对张美娟的技艺倍加赞扬。我们代表团共有四个分队，京剧队、舞蹈队、民乐队和歌唱队。缅甸政府给我们京剧队颁发了两枚金质奖章，分别奖给李少春《闹天宫》和张美娟《泗州城》，另外两枚分别奖给舞蹈队的戴爱莲和民乐队的唢呐独奏。美娟为国家赢得了荣誉，为上海争了光。回国后，我们稍事休息，又将继续出访印度尼西亚，为了旅途安全，我们途经云南转机。在昆明，美娟遇到了她的老朋友关肃霜，两人进行了很好的艺术交流，关肃霜还学习了《盗仙草》。

美娟从1954年到1960年间整理加工了三出戏——《盗仙草》、《打瓜招亲》、《虹桥赠珠》，新创编了《火凤凰》、《八仙过海》两出新戏。《八仙过海》是我们出访苏联前创排的，这出戏实际上是根据老戏《蟠桃会》的剧情，把反面人物猪龙婆改成正面人物金鱼仙子，这样给主角留下了更丰富的表演余地。这出戏的武打设计开始比较火爆，我们设计了金鱼仙与吕洞宾对打后有枪挑八把剑的高难度动作。这完全是技巧创新，张美娟已经练得很熟练，我们也感到很满意。后来有人提出，这技巧的应用与剧情有些不衔接。我们也考虑到，八仙各有自己的法宝，都用剑确实不合适，而且，金鱼仙只是想对八仙薄施惩戒，并无深仇大恨，气氛不宜太火爆。最后，我们忍痛割爱，把这一绝技舍弃了。这戏创排演出后影响很大，各地剧团纷纷来学，其中还包括了四川川剧团、汉口汉剧团、湖南湘剧团等地方剧种。在苏联的演出反响也很好，我们这出戏先是在列宁格勒演出，后来，莫斯科的观众为此还有意见，看来这出戏作为出国演出剧目是大受欢迎的。《打瓜招亲》这出戏是根据老戏《打瓜园》改编的，主角由陶弘改为陶三春，剧本和场次都作了较大的调整，演出后也相当受欢迎。我们到北京演出时带了这出戏在首都剧场公演，文化部副部长齐燕铭特别欣赏此剧，非常喜欢陶三春和郑子明对棍的那场戏，并推荐给毛主席看。我们又在怀仁堂为毛主席演了这出戏，主席也鼓了掌。后来政协领导也要求在政协礼堂演出该剧，演完后招待张美娟、陈正柱和我，我们跟随周院长参加了宴会。席间，大家对这出戏好评连连，有的领导还问我们索取剧本。

《火凤凰》创编的起因是陶雄副院长对我们讲起福建白鹭岛的一个民间传说，他建议我们把这个故事变成京剧。这出戏创编得更是精彩，有许多新的出手技巧都安排在此剧中，成了美娟出手的大展示。此剧也随周院长赴京演出，引来好评如潮。在政协礼堂演出后，罗瑞卿大将等军政领导极力称赞，并上台与演员们合影。这出戏不但在国内影响很大，在国际上也尽展风采，为国家争了光。

1959年建国十年大庆，周总理亲调上海张美娟等五人参加大庆晚会演出。我们到京后，即赶到北京饭店向《水帘洞》剧组报到。这是一出有300多人的大型武打戏，李少春先生演猴王，美娟演龙女，张云溪、张春华等名家均在戏中扮演普通的小猴和小妖，阿甲任导演，阵容十分强大。排练的地点设在北京戏校练功房，李少春先生谦让，把我们的出手档子放在最后。排练时，当时北京的一些年轻优秀的小武旦刘琪、郭锦华、李丽等都围着美娟，看她开打、出手，我们当年“正字辈”的一个小同学钱正伦(即钱浩梁)还帮师姐扔枪。演出在人民大会堂，最后我们开打时，上场门十个水族，下场门也是十个水族，二十面水旗把四个武旦(美娟和三个小武旦)围在中间，满台飞枪，场面十分壮观。演出获得了巨大的成功，报纸和广播都作了报道，我们光荣地完成了这项任务。

美娟从1954年开始，曾五次出国访问演出。特别是1964年那次访欧洲前后174天，演出113场。几乎每场演出都有美娟的出手戏。因为当时国际关系比较紧张，演出的质量影响到政治因素，所以演员压力很大，特别是像美娟那样有出手的剧目，一旦失手后果非常严重。我们采用了有效的防范措施，每逢有演出的那天，上午先排练十遍，要求一遍也不能失误。晚上演出前再到现场练五遍，同样也是这样要求，这就保证了我们在国外的演出一次也没有失手，为国家赢得了荣誉。访法期间，正逢中法建交时，我们艺术团参加巴黎戏剧节开幕式。有30多家重要媒体都关注演出情况。那天，巴黎市市长和许多议员都出席了开幕式。我们演出《火凤凰》、《雁荡山》等剧，当《火凤凰》演出结束时，全场掌声如雷，谢幕多次，观众们还跑到后台给美娟献花，各界要员也纷纷表示祝贺。第二天，媒体以“中国人征服了巴黎”的标题报道了演出的盛况。中央领导还发来贺电：“祝贺演出成功，希望再接再厉。”在意大利访问时，情况比较复杂，意大利共产党是亲苏的势力，和我们有意识形态的对立。国民党的势力在那里也有相当的影响，整个环境对我们不友好。这样，我们演出的压力就更大了，控制场面就全靠我们的艺术水平和演出质量。在波伦亚中国艺术团首场演出，开始情况不好，观众反应冷淡，剧场噪声杂乱，甚至听到有“嘘”声。直到美娟的《火凤凰》出场，场内的气氛逐渐改变，观众被她高超的艺术吸引了，结束时，热烈的掌声响遍全场。后来的演出就越来越顺利，等大轴《雁荡山》演完，全场沸腾，我们的演出取得了艰难的成功，美娟功不可没，《火凤凰》功不可没。

1975年，我们接到要录制一些传统京剧资料的通知，于是我们随同美娟一起在北京排练录制《虹桥赠珠》。当时，高盛麟、李少春、张世麟等名家均集聚在录制场内，我们的节目录制基本上都是一遍成功。摄制组、有关领导和同行们都表示惊讶和佩服，连连称赞我们的基本功过硬。这么多年，我们这样精诚合作，台上台下亲密无间地配合，这种氛围现在却是很少见了。

虽然美娟一生在舞台上有几百场的成功，但也有一场最遗憾、最不愉快的演出。这一次是在上海锦江小礼堂，有一场招待毛主席、周总理和中央领导的晚会，剧目是总理最欣赏的《盗仙草》。那天因为我们几个下手在天蟾舞台有演出，京剧院领导误认为更换几个下手不会有什么问题，就没有把我们几个老搭档从日常商业演出中替换下来。结果造成张美娟在演出中发生了极少见的严重失误，枪掉了一台。这件事让张美娟感到非常伤心，如此重大的演出，居然出了差错。幸亏周总理并没有责备张美娟，他批评了京剧院领导，不懂得演员之间的配合关系。武旦出手戏必须要固定搭档，这是靠长期的磨合才练成的，红花绿叶，两者都不可缺。

我和美娟最后一次合作是在1986年，上海戏剧学校纪念校庆45周年，正字辈的同学们在大众剧场举行了三场纪念演出。第一场的大轴就是张美娟的《青石山》，四位师兄弟张正焕、孙正侠、朱正雷和我为她打下手。那时，我已经60岁，美娟也有57岁，而且离开舞台已久，所以，我们两人认真地设计了武打和出手的方案，既要量力而行，又要力求精彩。在演出那天，美娟全力以赴，台上光彩照人。与关平打完刀架子后，一套大刀花下场要得非常到位。接着我们两人打完一套小快枪，十杆枪出手满台飞舞，一气呵成，打出了节奏，打出了气氛，打出了分量，取得了极好的效果，对我们几十年的合作画上了圆满的句号。我非常感谢她对我在艺术和人品上的信任和尊重。

希望现在的青年演员们，能好好地学习美娟对事业的深深热爱和高度责任心，对艺术精益求精的精神和强烈的创新意识，认真继承传统，积极开拓进取，像美娟那样，为京剧事业的繁荣贡献出自己的一切。最后再次对艺术上多年合作的师妹张美娟同志表示深切的怀念。

此情可待成追忆

齐英才

十年生死两茫茫，不思量，自难忘，千里孤坟，无处话凄凉，纵使相逢应不识，尘满面，鬓如霜……

11月13日，那个难忘的日子，美娟，你离开我已有整整一年了。虽然岁月匆匆，仍然未能冲淡对你的追忆和怀念。一年来，几番依稀梦中和你相见，你还是那么一丝不苟地认真钻研，还是在那盏昏暗的台灯下，埋头准备着明天的教案，还在为戏中的某个细节、动作与我争论不休……今天，我又来到了你的坟前，献上一束白菊花，默默地注视着你的面容，禁不住老泪纵横。

美娟和我是在华东戏曲研究院实验京剧团相识、共事到成家的。50年代初，我当演出队队长，美娟是团里唯一的武旦演员。美娟刚调来，布衣布鞋，齐耳短发，朴实无华，娴静大方。她的话很少，但艺术功夫着实过硬，她主演的《金山寺》、《盗仙草》等戏，翻打出手令人叫绝。当时中印交好，京剧界首次出访印度，推出的剧目中就安排了美娟的《盗仙草》。

《盗仙草》彩排后，沉默寡言的张美娟突然提出一个观点："传统的演法太陈旧了，武打技巧要为戏的内容服务，要打出情感，要达到自然和真实的戏剧效果。这戏要改！"这一番话，确实道出了演员们的心声，大家都很兴奋，觉得武打戏实在机械、缓慢，但是多年来都是这样演法，"改？怎么改？"正讨论商量时，团长吴石坚肯定了张美娟的想法，他当即调兵遣将，编剧、导演、动作设计等人通力合作，使《盗仙草》这出老戏注入了新鲜血液。出国前在京汇报演出时，引起了首都剧坛的强烈反响，得到了广大观众的称赞。赴印演出也受到了印度人民的热烈欢迎。

《盗仙草》演出实践的成功，吹响了武旦戏改革的号角，同时也给美娟带来了一个艺术的春天。

吴石坚——这位号称"天下第一团"的领导，具有伯乐的慧眼，他终于发现张美娟这匹"马驹"有胆有识，是能够成为"千里马"的。于是，吴团

张美娟夫妇在家中学文化

长专门成立了张美娟研究小组，根据张美娟的演出特点，来改革武旦戏。

《虹桥赠珠》是美娟改革武旦戏过程中的一台精品，此剧原名《泗州城》，改革后，重点加工了全戏的精华——“赠珠”，并精心设计了全套新服饰，以其无比美艳夺目倾倒了无数观众。武打设计中，运用了技巧性很强的“武旦刀”、“两头鞭”，使全剧精彩纷呈，美娟的武旦艺术从此大显身手、蜚声剧界。

1956年，美娟又推出一出大型神话剧《八仙过海》，戏中金鱼仙子（张美娟饰）大战醉八仙，各显特技，观众目不暇接，掌声雷鸣。著名戏剧家欧阳予倩观后大加赞赏，评价美娟“名不虚传”。这台戏当时访问苏联演出时，苏联人幽默地说：“中国的神仙竟都是酒鬼啊！”《八仙过海》被国内京剧团搬演，兄弟剧种也移植了这个戏，可见影响之大。也就在那一年，美娟和我成婚，可婚后没几天，我们就又投入到紧张的改戏排练中去了。

如果说《盗仙草》、《虹桥赠珠》、《八仙过海》是美娟的武旦表演走向成熟的话，那么，1959年张美娟创作的神话京剧《火凤凰》，则标志着美娟武旦艺术的顶峰。

《火凤凰》集中了美娟武旦表演技巧的优势，全面完整地体现了美娟的表演风格，如剧中幻变的服装、惊险的踢枪、五彩缤纷的灯光、优美的双绸舞等，熔武旦艺术中的舞、唱、做、打于一炉，《火》剧公演后，轰动了京剧界。60年代初，《火凤凰》剧组访问了英国、法国、意大利、比利时、德国、荷兰、奥地利等国，各国报纸反应热烈，都刊登了大幅剧照，进行介绍和赞扬。《火凤凰》的成功，使武旦戏一跃而成为大轴戏，剧团中的武旦地位骤升，成为不可缺少的行当。美娟在《火凤凰》中对武旦艺术的贡献，奠定了她武旦艺术的历史地位。敬爱的周总理称赞美娟是“武旦之王”。

张美娟夫妇

美娟在获得巨大的荣誉后，并没有终止她的执著追求，在艺术上，她精益求精，潜心琢磨其他行当，吸收青衣的娴静端庄、花旦的娇憨活泼，将其融合在武旦表演中，使武旦人物更加柔媚多姿、光彩照人。武旦戏大多无水袖，表现时略有局限，她根据武旦特点，用武器来表现人物性格。如金鱼仙子的彩带柔中有刚，水母娘娘的刀与白素贞的棍棒，表现了人物刚直强劲的个性。火凤凰的枪，更是表现了白鹭仙子丰富多彩的武艺和勇敢坚强的性格，使人物独具魅力。

美娟的晚年，将她一生的艺术精华毫无保留地奉献给艺术教育事业。京剧后继有人，武旦艺术后继有人，美娟泉下有知，当会含笑安息。

扫墓的人快散尽了，天色已晚，秋风吹叶，草木萧疏，大地含悲，我不禁长吟苏轼的《江城子》的下半阕：

夜来幽梦忽还乡，小轩窗，正梳妆。相对无言，唯有泪千行。料得年年肠断处，明月夜，短松岗。

（本文原载《上海戏剧》1996年第6期）

京剧表演艺术家、戏曲教育家张美娟艺术与教育成果总结研讨会发言摘录

时间：2010年3月27日下午。地点：上海戏曲学校会议室。

孙正琦：我和美娟是从小一起学艺的伙伴，舞台上合作了几十年。美娟从小练功就非常刻苦，不爱说话，绑着硬跷，在长板凳上一站就是二十几分钟，一撑不住就会摔下来，能坚持住很不容易，她就这样靠苦练打下了相当扎实的基础。我在学校里是攻武净，由于我爱耍枪，老师让我傍美娟练头杆枪，从此我们就开始了数十年的出手合作。我们俩加入华东实验京剧团后，当时的领导吴石坚组织了一个小组，由美娟、我、张奎芳、齐英才、贺梦梨、王岭森组成，要创排一些武旦的新戏，改变过去武旦戏陈旧、不合情理、节奏慢的缺陷。我们首先改编了《盗仙草》，重新设计了出手档子，并去北京参加了出国审查演出，获得了巨大的成功。老艺术家侯喜瑞先生亲临后台表示祝贺。周总理看了戏后，点名要在紫光阁接见张美娟和我们四个下手，他称赞我们戏演得非常好，并告知这台戏要出国去缅甸、印度等地演出。我们听了高兴极了，中央领导对我们如此信任，大家一定要很好完成出国演出的光荣任务。在缅甸仰光演出，吴努总理两次观看了我们的《盗仙草》，对满台飞枪感到很惊奇，十分佩服张美娟的演技，并亲自给她颁发了金质奖章。1954—1956年，我们又陆续整理加工了《虹桥赠珠》、《打瓜招亲》，创排了《八仙过海》、《火凤凰》等新作，都获得了成功，还创造了枪挑八把剑的高难度出手动作。1964年，我们又出访欧洲，前后总共演出了近300场，场场成功，在舞台上没有一次失手掉枪。这完全是靠苦练和对艺术认真负责的态度赢得的，我们每次演出前都要排十遍，保证次次成功，才能放心上台。我和美娟最后一次合作是1986年纪念正字辈的演出，那时，我们都老了，但还要再合作一次《青石山》，两人又从新设计了武打档子。那天美娟表演得非常出色，在与关平对刀后，和我打了一套快枪，然后就十杆枪出手，一气呵成，非常圆满。今天我回忆与师妹在舞台上长期相当成功的合作，心里很激动，并以此表

示我对师妹深深的怀念。

田恩荣:(宣读前辈京剧武旦名家李金鸿的祝贺信)欣闻贵校将举办张美娟表演艺术和教学成果研讨活动,非常高兴。你们能为从事教学工作多年的老教师举办这类活动,是一件十分有意义的工作。张美娟是一位出色的表演艺术家,有全国第一女武旦的美誉。她基础扎实,舞台表现力很强,还勇于创新,创作改编了许多武旦新剧目,为武旦艺术创新发展作出了重要贡献。在解放初,她对老《泗州城》的武旦出手技巧进行了精心加工,使戏曲出手技巧重现舞台。在《火凤凰》一剧中,突破了传统的套路,创造了托举踢枪、前桥踢枪、长绸舞等新技巧,把武旦技艺推向新的高峰。张美娟不但有高超的武功,而且有塑造人物的丰富经验,表演真切传神、栩栩如生,是真正的表演大家。她离开舞台后,为戏曲事业后继有人,甘当蜡烛,在戏校刻苦传艺,投入基础教育中,可谓桃李满天下。总结张美娟的艺术表演和教学经验,对学校今后的发展非常有意义。我作为一名从事教育工作多年的老教师,希望贵校进一步开拓进取,能够成为表演人才的培养基地。

孙正阳:张美娟是我最尊敬、最崇拜的师姐,她是一位大表演艺术家。自从学校坐科起,直到后来组班、进剧团,我们一直在一起工作。在学校里,师姐非常用功,刻苦钻研艺术。她跟穆盛楼学习武功,经常挨打,但她很硬气,捡起枪来再练。到京剧院后,她是第一个出国演出的主演,为国家、为京剧事业争得了很大的荣誉。她的出手极有把握,我从没见她掉过枪。那时出国条件很艰苦,每人只有十元零用钱,张美娟身体不好,吃住都不习惯,而且演出最累,她从不计较,完成任务十分出色。在教学方面,她特别认真负责,不管是分内或者分外的事,只要对学生有利,她都积极主动去做。例如,为史敏请声学老师,这不是教武戏老师的事情,但她一心想着学生。她教学工作是从"文革"时期开始,那时谁也不敢教,但她认真地去做了。另外,她生活上非常艰苦朴素,任劳任怨,是一位很值得大家尊敬的好同志。

齐淑芳:张美娟是我的嫂子,也是我的恩师。我从小就跟着嫂子学艺,那时她还怀着孩子,认真教我练功。我小时候比较喜欢运动,爆发力很好，她就教我扎靠的刀马戏，还让我坚持吊嗓，并反复提醒我：作为好演员，一定要技艺全面，武戏演员必须加强文戏的学习。她还叮嘱我：选择了京剧这个行当，对艺术一定要鞠躬尽瘁、死而后已。她自己就是这样做的，她一生创排了很多的新戏，后来又全力以赴从事京剧教育事业，作出了巨大的贡献。她很有创造性，能博采众长，向芭蕾、体育、舞蹈各方面学习，吸取各种艺术营养，丰富自己的表演手段。自从我到美国发展后，她一直很惦记着我，惦记我在异乡的生活和艺术发展。她1994年到美国，看到我在那里普及京剧工作做得不错，感到很高兴。那时，美国一个文化艺术部门要给她颁发一个艺术终身成就奖，她开始一直不肯要，对荣誉她一直让，这种风格贯穿她一生。我现在美国的工作仍然按照我嫂子的教导，为京剧事业努力一生。美国是个多元化的国家，原先对京剧很不了解，我们在那里教会了美国人看京剧，把京剧文化融入了美国社会，我们的《杨门女将》在百老汇演出，看戏的百分之八十是美国人。我将这些成果今天向嫂子做一个汇报，并将永远以她的精神作为我前进道路上的动力。

明珠：张美娟是我的姨妈，又是老师。我自8岁起就跟她练功学艺。她教戏非常认真，而且严格，当时我也是绑硬跷练功，对一个小孩子来说很痛苦，但她不允许我懈怠，我从小对她既亲又怕。她经常要我在学武功的基础上多练文戏，如果只会武旦戏，那养四个下串都养不起。我10岁开始，就跟她出外搭班演戏，在前面垫一出开锣戏，就起了个艺名叫小张美娟，一直叫到现在。在艺术上，我追随她的路子也直到现在。她很爱我，除师爱外，还有母爱的感觉。她演《金山寺》，我配演小青，从开始化妆一直到台上，自始至终一直关注着我。平时，不但教我演戏还教我做人，各方面的关怀我一辈子都忘不了。

邓宛霞：我是张老师的一个另类的学生，我向张老师学戏时，既不是职业的京剧演员，更不是专攻武旦的演员。我来上海学戏，许多人都不理解，觉得这位香港小姐到这儿干什么来了？在80年代，国内的条件还非常艰苦，食宿、气候我都很不习惯，练功条件也不好。我很喜欢京剧，为了在香港传播京昆剧，我甘愿吃苦，来上海学艺。物质上各种艰苦条件我都承受了，精神上大家的不理解使我更感到孤独。那时只有张老师最能理解我，她一直鼓励我说：只要坚持下去，就一定能达到自己心中的目的。在学习上，她尽一切努力帮助我，不但教我练功，还把我介绍给音乐家王品素老师学练声，打好唱、念基础。在生活上，她同样非常关心，我冬天怕冷，她给我“汤婆子”取暖，我发烧了，她用黄鱼车带我去看病，在我困难时给予无微不至的关怀，使我一辈子难忘。在艺术上，她非常强调规范，一招一式绝不放过，哪怕是一个出场。张老师还帮我编排新戏，我演出的一赶三的《宝莲灯》前三圣母、中王桂英、后沉香，就凝聚了张老师的心血。现在，我在香港演出京昆剧，得到了特区政府的支持，并多次到国外介绍京昆剧，这虽是我的一些成绩，也是张老师的愿望。张老师就是美的道德、美的艺术、美的化身，我以能是她的一个学生感到非常光荣。

王芝泉：我从小最崇拜的偶像就是张美娟老师。在戏校读书的时候，我很羡慕齐淑芳有这么好的嫂子教她戏。我进昆剧班后，三年级开始学武旦，由方传芸、松雪芳两位男老师教，他们的节奏感和力度都很好。但我第一次看到张老师的戏就迷上了，女武旦竟然是那么漂亮，以后，张老师的戏我都去看。后来，张老师认识了我，也很喜欢我，并来看我演出的《盗库银》，指出我节奏过快。她还让张奎芳老师来教我《八仙过海》，在公演时亲临指导，要求我对八仙要有不同的打法，要打出人物性格来，并告诉我要加强文戏学习才能做到这点。“文革”期间，我们不能唱戏了，张老师办了一个“五七京训班”教孩子们学戏，还邀请我去当老师。我原先不想去，因为我只想当演员，不愿意当老师，后来想到能和张老师一起工作，还是去了。张老师就找我谈话，告诉我：“这是给你在找出路。”并教育我说：“人活在社会上，不能什么事情都要随自己的想法，你觉得自己没有当过老师，不会当老师，我连个小组长也没当过，现在要我当校长，我不也要好好干吗？如果现在去干别的，放弃了京剧多可惜！”这些话影响了我一生。在那时，张老师集中抓业务，搞形体训练改革，京芭体结合，对一些政治上的大批判活动她淡然置之，要我们也不要轻易表态。我虽然没有拜过张老师，但在我的艺术成长道路上，是张老师教育了我，深深影响了我。我虽是间接学习张老师的艺术，但在为人上、舞台艺术上我都是“张派”！张老师永远活在我的心中。

唐晋发：我不是京剧界的，但与张美娟老师一起共事过六年。在六年的接触中，我很敬佩她的为人，她就是一个好人……（掩面抽泣）是老实人！在1976年前后，两个社会背景，先是当领导，后当普通教员，她同样的认真，毫不计较个人的得失、委屈。这一般人做不到，她做到了。我们怀念她。

戴蓓蓓：我也和芝泉一样，以前很崇拜、尊敬张美娟老师。在“文革”期间，1968年成立了练功小组，我就开始给张老师当助教，一直到后来的“五七京训班”，直至改革开放后的戏校，我一直和张老师在一起。张老师工作非常认真负责，精通业务，为人朴实。在练功小组期间，条件很艰苦，我们在农村打麦场上练功，搞军训，张老师身体不好，但也和我们年轻人一样，坚持劳动、练功、集训。在“五七京训班”时，她改变了传统京剧的形体训练理念，吸取了舞蹈、体操的训练方法，把收、勾、紧改为开、绷、直，并编了许多动作套路与音乐配合，许多内容到现在还在教育上应用。再说两件小事介绍张老师的为人。张老师一点也没有官腔、官气，那时，我陪张老师去探望松雪芳老师，她作为一个高级领导，对松先生毕恭毕敬，丝毫没有架子。还有一件事，我怀孕时，学校工作非常忙，我很犹豫是否要打掉孩子，但张老师认为我是头胎不能打，工作再忙，也应该照顾我。这样始终考虑普通教师利益的领导确实很少了，我一直很感谢张老师。

汤志兴：我和张美娟老师是“五七京训班”和练功小组的同事。首先，我很敬佩她的敬业精神，在和她的相处中深感到这一点。京训班的招生和运作方式是特定历史时期的产物，谁也不知道应该怎样搞，但她知难而上，带着我们去全国各地调查、访问，非常辛苦，经常带病忍痛工作。对艺术的敬业更是贯穿她一生，真正做到了一辈子认认真真唱戏，清清白白做人，确实问心无愧。其次，我很欣赏她的创新理念，对传统京剧的许多想法，她很早就有。在办京训班期间，她把这些想法付之于实践，搞了京、体、武三结合，为上演现代京剧服务。如何把这些理念落实到课堂上，当时就有很大的争论。她想了许多办法，搞出了一些形体训练的创新素材：腰组合、腿组合、翻身组合等，使这些理念在课堂上得到体现。虽然这些始终存在着不同意见，但至今戏校还有许多老师继续采用这些方法，足见其有一定的生命力。第三，张老师不管在什么样的政治处境前面，都保持着自己的本色，从不盛气凌人，也不灰心丧气，有的就是艺术良心和高尚人品。我们从张老师那里学到许多做人的道理，大家永远怀念张老师。

忻鼎亮：我只是张美娟老师一个忠实的观众，没有近距离接触过张老师。在一个偶然的机会，我认识了齐英才老师。当谈起张美娟老师时，他觉得我对她演的戏很熟悉，希望我能够给她写个传记，我也非常愿意做这一有意义的事，经过阅读大量资料和采访有关人员，基本完成了这项工作。当然我不能像大家那样说许多具体生动的旧事，只想谈谈张老师两个方面的重大贡献。她首先是对武旦行当发展的贡献，使一个几乎是最小的京剧行当演变为一个举足轻重的行当（在梅兰芳金奖中占旦行的八分之三），现在武旦行在舞台上的兴旺景象，和张老师一生的努力是分不开的。其次是她对教育事业的贡献，戏曲学校的主要工作就是培养戏曲人才。毕业于上海戏校的能列身于全国一流的京剧演员大致有六位，其中两个半是张老师的学生，就足见她对戏校的贡献之大。在艺术上、人品上她都给京剧事业留下了宝贵的精神财富。

史敏：我是1982年进戏校的学生，直到毕业，七年来一直守在张老师的身边，她是对我一生影响最大的人。在学习和生活上，她对我的关怀无微不至，武戏一直是手把手地教我。让我感受最深的是她宽容的胸怀，她从不把学生看作私有，而是处处为学生未来考虑。学习文戏练声，她把我推荐给卢文勤老师；靠旗出手、耍锤让我向齐淑芳老师学；刀花下场请王芝泉老师教，总之她让学生尽量吸取各种艺术养分，关怀的程度超越了一个老师。张老师教戏非常严格，学生们都怕她，但实际上她内心非常善良，只为别人考虑，极少顾及自己。当我将演出时，她在后台帮我料理一切杂事，就像母亲一样。影响最深的是她的创新意识，特别强调感受人物内心，完全超出武旦教学要求，我现在对一些人物角色的创造，主要得益于张老师。给我影响深的还有另一件小事，我在排练中，打完一个复杂的档子，好不容易亮相亮住，只是有些喘，老师要我重新来过。我当时觉得很委屈，后来，她告诉我，观众是到剧场上来享受美的，舞台上绝对不能带给观众任何疲劳感，这句话给了我一生的舞台警示。张老师经常强调，要我在文戏上多努力，以文带武。我直到现在，一直按老师给我规划的道路勇往直前。

沈利群：我只是个京剧爱好者，因为搞现代戏的作曲，与京剧结了缘。初次接触张美娟老师是当时为她写的一出新戏《送盐》作曲，后来她主持京训班排演《闪闪的红星》，特意把我调到那里，为该剧作曲，就和张老师成了同事。那时，我们去井冈山体验生活，条件很艰苦，张老师非常照顾我，要把自己的房间让给我住。最让我感动的是张老师主持正义，不巴结权贵。当时音乐学院的老师于会泳是个名噪一时的大人物，他对我有些成见，看了我写的《闪闪的红星》前三场曲子表示不满，但张老师不但继续用我，而且鼓励我。她有一次告诉我说，周总理曾向尼克松介绍过这戏，要我好好地继续做下去，这给了我巨大的精神安慰。总理逝世，“四人帮”不让设灵堂，张老师却在学校悼念，并给邓颖超大姐发去悼念电。后来，“四人帮”倒台，有人组织大字报向张美娟问罪，我就不服气，直接找了文化局长李太城反映。但张老师自己并没有患得患失，继续认真地教戏。人总有辉煌事业有低潮时，最可贵的就是像张老师那样始终保持做人的本色。

李海燕：我是南通京剧团的演员，1959年拜张老师为师。那时，我刚十岁，什么也不懂，张老师把我当自己的孩子，处处关心我、教育我。她不但在演戏方面认真教我，还在生活上帮助我，教我做人，使我各方面都有了进步，成了该团的主要演员。离开上海京剧院后，我一直和老师保持着联系，一有学习机会，我就来上海。有一次来学习《宏碧缘》中的剑舞，我还带了人来学戏，老师不但毫无保留地教我们，还请我们吃饭，现在想起还感动不已。张老师的教育是我终生受益，她永远是我做人演戏的榜样。

齐英才：我与美娟结合共同生活40多年，她为人真好。我们在各个方面相处得都很好，从来也没红过脸。对工作，她全心全意，积极主动。

进华东实验京剧团不到三个月，她就第一个报名要求赴朝鲜慰问演出，那时战争还没有结束，战地还很危险，她却义无反顾地去了。我们结婚两年后，她怀了孕，当得知上海京剧院即将访问苏联演出时，毅然打掉了头胎的孩子，保证出国演出的成功。她平时和同事们关系相处得非常好，乐于助人，从来不为小事和别人发生争执。她淡泊名利，不搞特权，在当市革会常委时，公车从不私用，连上下班都是挤公共汽车，回到家里，胸前的纽扣没有一次是全的。对上她从不逢迎拍马，解放前，她从不向权贵拜客，进国营剧团后，她也不去领导家。她当了领导，依然和平时一样，尊敬前辈，爱护学生，对亲朋好友，从不摆出一副领导的架子。在家里，孝敬父母、公婆，自拿工资起，始终遵循一半交给父亲的惯例，对我的父母也是同样孝顺，而自己的生活却十分简朴，没有任何嗜好。她还有个特点，就是好学精神。在业务上，一贯坚持向京剧界的杰出人物学习，如宋德珠、关肃霜、方荣翔等名家来沪演出时，她几乎每出戏都去看。对其他剧种甚至音乐、舞蹈，她也抽空去看，从而吸取各种艺术养分，来丰富自己的舞台表演。平时有空，就努力学习文化，一个从小没有上过学的艺人，最后考得了初中文凭。她就是这样一个平常的人，做出了许多不平常的事。

马博敏：今天开这样一个纪念张美娟老师的研讨会非常必要，特别从两个方面来总结学习张老师，在现在更有现实意义。第一是做人方面，人在辉煌和失落的时候能保持统一的人格，这样的人是永远值得尊敬的，张老师就是这样的人，而现在恰恰缺少这一点，必须要加强这方面的教育。第二是在教学方面，艺术教育的规律与一般的教育规律不一样，培养专才和培养人才也不一样，我们现在缺少对艺术教育规律的研究和探讨。张老却非常重视这方面的工作，做过许多有意义的探索。她相当重视文武兼备，要求武戏演员能文，文戏演员能武，这对未来京剧的发展方向探讨有一定的价值。另外，她强调用外来的艺术形式丰富京剧表演，这也很值得现在教学的研究和借鉴。我比较注意当时京训班培养的演员，由于当时的特殊原因使她们传统的基础学得不够，但这批人身材好、控制能力好，学武的演员有相当的表演能力，而且，编排、创作能力很强，这就是张老师特殊的教育培养的结果。她非常热爱艺术，一心扑在工作上，身教重于言教，自己吃苦在前，所以学生们都很刻苦，现在就缺少这些。我希望学校能好好总结张老师表演艺术和教育的成果，研究她的教学和追求。我们对她最好的纪念就是要把她的遗愿发扬光大。

后　记

我是从事自然科学研究的一名京剧圈外人士，从小爱好京剧，看戏已有60年的历史。自20世纪80年代后，有幸与范钧宏、徐希博等前辈京剧研究名家相识，经徐老师推荐，参加《京剧文化词典》的编撰工作，任常务编委，主持流派、演员、剧目等栏目编写。从此。便开始参与一些京剧研究工作，当然，也仅是“玩票”而已。退休后，摆脱了繁忙的主业，开始有充裕的时间享受自己的爱好。2006年，经好友魏子晨先生的推荐，被霸州市政府聘为文化顾问，参与筹建李少春纪念馆工作。期间，在一次采访中，认识了前上海戏校副校长齐英才老师，并谈及了张美娟老师的许多往事。我从小就是张老师的崇拜者，非常爱看她的戏，虽然无缘与张老师结识，没有任何近距离接触，但对她的舞台演出却相当熟悉，甚至能回忆起她当年的一招一式。齐老师也感到惊讶，便和我谈起，他毕生有一个愿望，就是要替张老师出一本传记，我当即表示愿意做这件事。于是，我们开始了这项合作，齐老师给我提供了大量的资料和许多珍贵的照片，并安排我采访齐淑芳、史敏、明珠等有关人士。在2007年年底，我开始动笔，经一年多的笔耕，在张老师八十岁冥寿时，我完成了书稿。至于怎样用这稿子，就由齐老师决定了。

正巧，上海戏校与上海人民出版社合作出一批艺术家传记，第二批的名单中就有张美娟老师，于是，齐老师就把我的书稿通过戏校交给出版社预审。编辑阅后认为，书稿不符合传记格式，篇幅也不够，希望我做比较大的改动。其实，我以前与齐老师曾有约定，写张老师只写她的艺术，不涉及其他，这样最能避免出现一些意料不到的麻烦，所以，与其说是传记，事实上更像一个长篇的艺术评论。但我就愿意这样写，因为我做此事纯为爱好，毫无功利目的，现在要我重起炉灶，有约束地大范围改动，我踌躇了。首先，作为写了一辈子科研论文的我，职业的行文风格早已养成，真实、清楚、准确是我用笔的主要特征，华丽、有趣、发挥想象力、提高可读性等方面均非我所长，而且，我还特别不喜欢编造一些凭想象的场景来取悦读者，甚至往往会因此引起些文字纠纷。另外，更使我犯难的是：张美娟老师在“文革”期间有一段曲折的经历，落笔时极难把握。“文化大革命”从整体来说，确实是一场浩劫，但要具体谈及其中的人和事，实际上相当复杂。如果要全方位地写张美娟的一生，回避这段历史，传记的真实性将大打折扣；如果用“官样文章”的腔调来写拾人牙慧的评述，我的良心不允许。再说，自己年迈体衰，精力也不济，已不适宜接受那种限期完稿的任务。于是，我向戏校和编辑部正式提出要求更换作者。但他们都表示希望我能有始有终，特别是齐英才老师，更不愿意就此中断我们之间真诚的合作“协定”。当然，我内心也很不甘心这样半途而废，这毕竟是我终身爱好的重要结晶品，权衡再三，我终于重新开始了新的创作。

实际困难比预期的还要多，为了全面深入了解张美娟老师，我重新作了第二轮的广泛采访。在齐英才老师、王家熙老师、王诗昌老师等热情的帮助下，我与近20位有关人员进行了访谈，其中包括张美娟的老同学孙正琦、孙正阳、汪正华；她“五七京训班”的同事沈利群、唐晋发、汤志兴、李志良、田恩荣、霍鑫涛；她各个时期的学生明珠、田毓珠、齐淑芳、戴蓓蓓、潘瑛、史敏，以及她的干女儿杨晓英和姐姐张秋萍等。

本书作者与王家熙、田毓珠

他们都给了我许多帮助，使我能尽可能从多角度了解张美娟老师，在此一并表示感谢。另外，我还搜集了能找到的所有有关张美娟的书面资料（部分资料收入本书附录），认真仔细地阅读、比对，经

本书作者与史敏

半年多辛苦，终于完成了书稿。自己觉得在力求真实这方面，我是始终坚持的；在尽量客观、公正上，我也是非常注意的。这样，才能真正对得起我始终崇敬的张老师，对得起热情给我提供大量资料的朋友们。书中难免有不当之处，敬请读者朋友们批评指正。

图书在版编目（CIP）数据

武旦奇葩:张美娟/忻鼎亮著.—上海：上海人民出版社,2012
（菊坛名家丛书/郭宇,徐幸捷,唐燕能主编）
ISBN 978-7-208-10705-2

Ⅰ.①武… Ⅱ.①忻… Ⅲ.①张美娟(1929~1995)-传记 Ⅳ.①K825.78

中国版本图书馆CIP数据核字(2012)第081674号

总 策 划　唐燕能
责任编辑　孙　瑜
特约编辑　林康为
封面设计　傅惟本
封面书艺　江东宁

·菊坛名家丛书·
郭　宇　徐幸捷　唐燕能　主编
武旦奇葩:张美娟
忻鼎亮　著
世纪出版集团
上海人民出版社出版
（200001　上海福建中路193号　www.ewen.cc）
世纪出版集团发行中心发行
上海商务联西印刷有限公司印刷
开本720×1000　1/16　印张13　插页8　字数179,000
2012年9月第1版　2012年9月第1次印刷
ISBN 978-7-208-10705-2/K·1877
定价 28.00元